**Corso multimediale
d'italiano**

Anna Mandelli
Nadia Nuti

Esercizi supplementari e test di autocontrollo

www.edilingua.it

Esercizi supplementari e test di autocontrollo

Anna Mandelli
Nadia Nuti

© Ernst Klett Verlag GmbH, Stoccarda 2004
ISBN 3-12-525554-6

Edizione internazionale
© edizioni EDILINGUA 2005
Via Moroianni, 65 12133 Atene
Tel.: +30-210-57.33.900
fax: +30-210-57.58.903
www.edilingua.it
info@edilingua.it
ISBN 960-7706-97-8

Redazione: Giovanna Mungai, Antonio Bidetti, Maria Grazia Galluzzo

Indice

Gli esercizi contrassegnati da questo simbolo 🗡 contengono alcune parole sconosciute che fungono da stimolo per l'apprendimento.

Come va?

1 Inserite le forme verbali date nella colonna corretta.

stai   sei   abito   sto   sono   abiti

sta

è

abita

	essere	stare	abitare
io	....	....	....
tu	....	....	....
lui, lei, Lei	....	....	....

2 Completate con il verbo *stare*.

1. ● Ciao, Marina. Come ....?
   ○ Io .... bene, grazie. E tu?

2. ● Buongiorno, signora Meazza. Come ....?
   ○ Bene, grazie.
   ● E come .... Giulio?
   ○ Oh, lui .... benissimo.

3. ● Salve, Giorgio. Come ....?
   ○ Non c'è male, grazie.
   ● E l'ingegner Villa, come ....?
   ○ Eh, abbastanza bene.

Ciao, io sono Allegra. Come va?

3 Che cosa risponde Allegra?

● Ciao, Allegra, come va?

1. ☹ ....
2. ☹ ....
3. 😐 ....
4. 🙂 ....
5. 🙂 ....
6. 😀 ....

ITALIA & ITALIANI

In Italia diamo del *tu* spesso e volentieri. Ma al[le] persone anziane o a quelle che non conosciam[o] bene diamo del *Lei*.
Attenzione: usiamo il *Ciao!* quando incontriam[o] o lasciamo persone a cui diamo del *tu*.
Lo sapevate che *Ciao!* viene dal veneziar[o] *sciao* (*s-ciàvo* - *schiavo*), nel senso di *schia[vo] suo*, *servo suo*, una forma di saluto in uso nel[la] Repubblica di Venezia.

4 **Completate le frasi con il verbo *essere*.**

1. Ciao, io .... Anna e questo .... Pietro.

2. Questa .... la dottoressa De Mattei,

   l'altra collega .... la dottoressa Rossi.

3. ● Lei .... la signora Pessina?

   ○ No, io .... Giovanna Maddei.

   ● E il signor Carli, ... Lei?

   △ Sì, ... io.

4. ● Tu .... Maria, vero?

   ○ Sì, e questa .... Marcella.

Essere o non essere?

5 **Abbinate le frasi.**

1.	Buongiorno, sono Anita Ricci e Lei?
2.	Ciao, sono Gianna e tu?
3.	È Lei l'ingegner Zardoni?
4.	Avvocato Croce, Le presento il dottor Bianchi.

a)	Ornella.
b)	Molto lieto.
c)	Riccardo Coveri, piacere.
d)	Sì, sono io.

6 **Completate le seguenti frasi con l'articolo determinativo, quando necessario.**

1. Buonasera .... signora Cerruti. Come sta?

2. Lei è .... architetto Raimondi?

3. Salve, sono .... avvocato Zucchi, cerco .... signor Rossi.

4. Buongiorno .... dottoressa! Buongiorno .... ingegnere!

5. .... ingegnere, Le presento .... signor Doglio.

6. Sono Anna Villa, Lei è .... dottoressa Macchi?

7. .... signor Rivelli, questa è .... signora De Rosa.

7 **Abbinate le parole al corretto articolo determinativo.**

signore ◆ signora ◆ ingegnere
dottoressa ◆ avvocato ◆ architetto
ragazzo ◆ sport ◆ amicizia
amico ◆ zoo ◆ nome
cognome ◆ nazionalità ◆ città
e-mail ◆ studente ◆ stadio

l'

il

lo

la

edizioni Edilingua

8 *A o in?* Formate sei frasi con gli elementi dati.

Amsterdam			Europa
La Fiat		a	Svizzera
L'Italia	è		Olanda
Il Colosseo			Italia
Lugano		in	Torino
Napoli			Roma

9 *Di, a o in?* Inserite la preposizione corretta.

1. Sono .... Milano, ma abito .... Bruxelles.

2. Il signor Novazio abita .... Roma, però non è .... Roma: è .... Torino.

3. Sono italiana, ... Bologna, ma abito con la collega Rossana Giuliani .... Svizzera.

4. Perugia è .... Italia. E Strasburgo dov'è? .... Austria o .... Francia?

5. ● .... dov'è Andrea?
   ○ È .... Verona, ma abita .... Bolzano.

6. Emily è .... Londra, ma adesso abita .... Spagna, ... Madrid.

7. ● Dove sei adesso?
   ○ .... Argentina, ... Buenos Aires.

10 Formate tre frasi con queste parole.

1. avvocato ◆ l' ◆ Io ◆ De Carli ◆ sono

2. Luca ◆ è ◆ Parigi ◆ francese ◆ di

3. a ◆ abiti ◆ sei ◆ Firenze ◆ Sicilia ◆ ma ◆ Palermo ◆ in ◆ di ◆ Tu

1. ....

2. ....

3. ....

ITALIA & ITALIAN

Andrea, Simone, Daniele, Gabriele, Luca, Raffaele, Nicola, Mattia, Natale, Pasquale

Attenzione: in italiano, questi nomi sono maschili!

edizioni Edilingua

11 Conoscete l'Italia? Abbinate le città della colonna di sinistra con le regioni della colonna di destra.

1.	Palermo
2.	Milano
3.	Firenze
4.	Roma
5.	Venezia

a)	Toscana
b)	Veneto
c)	Sicilia
d)	Lombardia
e)	Lazio

12 Completate la tabella.

Capitale	Stato	♂	Nazionalità	♀
Atene	Grecia	....	greca	
Berlino	....	....	tedesca	
Madrid	Spagna	....	....	
Amsterdam	....	olandese	....	
Parigi	....	....	....	
....	Austria	....	....	
Berna	....	....	....	
Stoccolma	Svezia	....	....	

13 Qual è la desinenza corretta?

1

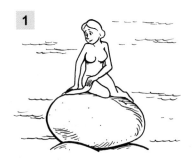

Quest.... è la Sirenetta.
È danes.....

2

Quest.... è Maria Montessori.
È italian.....

3

Quest.... è Wolfgang Amadeus
Mozart. È austriac.....

4

Quest.... è Charles
Chaplin. È ingles.....

5

Quest.... è Pippi Calzelunghe.
È svedes.....

14 **Abbinate le frasi.**

1.	Secondo te Mary di dov'è?
2.	Carlos, sei spagnolo?
3.	Isabel, sei austriaca?
4.	La signora Guignier non è italiana, vero?
5.	Ciao, sono Giuseppina.

a)	No, sono portoghese.
b)	No, sono svizzera, di Basilea.
c)	Allora sei italiana!
d)	È inglese.
e)	No, no, è francese, di Parigi.

15 **Completate il dialogo con le forme verbali date.**

●= Simona   ○= Signora Martini   △= Anne

● Buonasera, signora Martini.

○ Ciao, Simona, come ...... ?

● Bene, bene, grazie. E Lei?

○ Anch'io .... bene, grazie.

● Le .... mia cugina Beatrice.

○ Piacere. .... italiana?

△ No, ... olandese. Mio padre.................. di Amsterdam e io sono nata in Olanda.

○ E dove .... ?

△ Adesso .... in Italia e .... l'italiano.

sto   sono   stai   è   abiti   presento   studio   abito   Sei

16 **Completate il dialogo tra il Sig. Landolfi e la Sig.ra Piacentini secondo le indicazioni.**

● Buongiorno, signor Landolfi!

| *Il Sig. Landolfi saluta la Sig.ra Piacentini e le chiede come sta.* | ○ .... |

● Non c'è male, grazie.

| *La Sig.ra Piacentini presenta Angela Toso al Sig. Landolfi.* | ● .... |

○ Molto lieto.

| *La Sig.ra Toso ricambia.* | △ .... |

| *La Sig.ra Piacentini dice che la Sig.ra Toso è di Udine, ma studia a Milano.* | ● .... |

| *Dopo un po' il Sig. Landolfi e le due signore si salutano e vanno via.* | ○ .... |

●△ ....

edizioni Edilingua

1 **Completate con i pronomi personali soggetto.**

io ◆ tu ◆ lui
lei ◆ Lei ◆ noi
voi ◆ loro

1. .... siamo
   .... è
   .... sei
   .... siete

2. .... torno
   .... tornano
   .... torna
   .... torniamo

3. .... abiti
   .... abito
   .... abitiamo
   .... abitano

4. .... parla
   .... parlate
   .... parlano
   .... parli

5. .... vado
   .... andiamo
   .... vanno
   .... va

6. .... studi
   .... studiate
   .... studia
   .... studiano

2 **Completate il testo con i verbi dati.**

Il signore e la signora Marot .... francesi.   *essere*

.... a Roma e .... all'ambasciata francese.   *abitare, lavorare*

.... bene l'italiano. Per le vacanze .... in Francia.   *parlare, tornare*

La signora Marelli .... una collega e ....   *essere, parlare*

abbastanza bene il francese. Anche lei .... a Roma.   *abitare*

Noi invece non .... a Roma, non .... il francese   *abitare, parlare*

e non .... all'ambasciata francese. E voi? ....   *lavorare, essere*

francesi anche voi? .... a Roma? E dove ....?   *abitare, lavorare*

Lei, avvocato Banon, ... benissimo il francese,   *parlare*

però non .... francese, vero?   *essere*

No, io non .... francese,   *essere*
.... italiano, di Padova.   *essere*

3 Abbinate le domande alle risposte.

1.	Jan, come mai vai a Palermo?
2.	Quest'estate andate in Italia?
3.	Dove va Piero?
4.	Vai anche tu a Milano?
5.	Andate a Perugia per imparare l'italiano?
6.	Dove vanno Corrado e Lisa quest'estate?

a)	Va a trovare Anna.
b)	No, no, io vado a Firenze per lavoro.
c)	Sì, ma anche per visitare la città.
d)	Vanno in Olanda.
e)	No, andiamo in Francia.
f)	Vado a trovare un'amica.

4 Mettete le frasi alla forma negativa, come nell'esempio.

Giuliana

Allegra

Albergo

Università

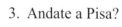

AEROPORTO

ALBERGO

- Sei Giuliana?
- ○ *No, non sono Giuliana, sono Allegra.*

1. Vai in Italia per il mare?

2. Lavori in un albergo?

3. Andate a Pisa?

4. Abitano a Milano?

5. Siete all'aeroporto?

5 Vero o falso? Jan è in Italia da poco e ha ancora le idee un po' confuse. Rispondete alle sue domande con una frase completa.

1. Senigallia è in Umbria, vero?
2. Le Marche sono una regione italiana, vero?
3. Ma Gubbio è sul mare?
4. Ad Ancona c'è l'aeroporto, vero?
5. Scusi, a Senigallia c'è il porto?
6. A proposito, a Urbino c'è la spiaggia?

Senigallia è in Umbria, vero?

6 *A, in* o *di*? **Inserite la preposizione corretta. Attenti: in una frase ci sono due possibilità.**

1. Sono .... treno.
   .... Modena.

2. Non abita .... Italia.
   .... Genova.

3. Torniamo .... Atene.
   .... Grecia.

4. Non vanno .... trovare Silvia.
   .... Portogallo.
   .... Lisbona.

5. Lavorate .... un hotel?
   .... Londra?
   .... Inghilterra?

6. Studio .... Urbino.
   .... Italia.

7 **Scrivete nel riquadro corretto le parole evidenziate sul dépliant.**

l'
....
....

il
....
....

la
....
....
....

PER LA VOSTRA VACANZA

* 150 camere con vista sul mare, servizi privati e aria condizionata
* Parcheggio
* Ristorante
* Piscina
* Giardino
* Spiaggia privata
* Campo da tennis
* Ascensore e servizio in camera

PER I VOSTRI AFFARI

* Sala congressi

HR

Hotel Ritz

Lungomare Dante Alighieri 142
60019 Senigallia

8 **Quando usiamo l'articolo?**
Leggete le frasi e completatele dove necessario.

1. Scusi, c'è .... aria condizionata in camera?

2. Sofia impara .... tedesco e .... spagnolo, vero?

3. All'*Hotel Europa* non c'è .... parcheggio.

4. Buongiorno .... signor Price. Ecco la chiave.

5. Vado a Roma per .... lavoro.

9 **Completate la seguente telefonata secondo le indicazioni.**

la doccia

il balcone

Il Sig. Marchetti ricambia il saluto, si presenta e dice che vuole prenotare una camera per venerdì.	● Pronto, *Albergo Sole*, buonasera! ○ ....
Il Sig. Marchetti vuole una camera singola con doccia e balcone.	● Una singola o una doppia? ○ ....
Il Sig. Marchetti chiede se c'è un ristorante nell'albergo.	● Va bene, signor Marchetti. ○ ....
Il Sig. Marchetti ha un'ultima domanda ancora: chiede se c'è il parcheggio.	● Sì, con vista sul mare. ○ ....
Il Sig. Marchetti è contento, saluta e ringrazia.	● Certo, signor Marchetti. ○ ....
	● Grazie e ... a venerdì!

ITALIA & ITALIANI

Telefonare in Italia ...
Quando gli italiani rispondono al telefono, dicono *Pronto!*, cioè intendono dire *Sono pronto/a a parlare con Lei/te.*

Confermare una prenotazione
Quando vogliamo prenotare una camera o un appartamento in Italia, è spesso necessaria una conferma scritta. A volte bisogna anche versare un anticipo.

edizioni Edilingua

10 Risolvete il cruciverba con i giorni della settimana e scoprite una parola che ricorda l'inverno.

1. Il primo giorno della settimana, per alcuni è il più brutto!
2. Il giorno di Giove.
3. Il giorno prima del fine settimana.
4. Il giorno dedicato al riposo.
5. Il giorno in cui finisce il Carnevale.
6. In questo giorno di solito si fa la spesa.
7. Dopo martedì viene ...

Soluzione: _____

11 Scegliete la risposta corretta alle seguenti domande.

1. ● Scusi, siamo già a Bologna?

   ○ No, Bologna è la prossima. / Sì, Bologna è la prossima.

2. ● Sei italiana, vero?

   ○ No, di Verona. / Sì, di Venezia.

3. ● Perché studiate l'italiano?

   ○ Per lavoro. / Per favore.

4. ● Quest'estate vorrei visitare Ferrara. Anche tu?

   ○ No, quest'estate lavoro in un albergo. / Sì, quest'estate sono in Spagna.

5. ● A proposito: c'è anche un campo da tennis?

   ○ No, e anche le racchette. / Sì, e una spiaggia privata.

12 Abbinate i sostantivi all'aggettivo appropriato.

la spiaggia ...	Adriatico
l'aria ...	mezza
la camera ...	svedese
la ... pensione	condizionata
l'Italia ...	storico
la piscina ...	privata
il centro ...	doppia
la collega ...	termale
il mare ...	Centrale

13 **Completate con le sillabe mancanti.**

va..........ze   ....nerdì   si..........ra   doma..........

a..........tare   ri..........rante   chia..........   giar..........no

14 **a) Sottolineate le parole maschili e scrivetele con l'articolo corrispondente.**

b) Sottolineate le parole femminili e scrivetele con l'articolo corrispondente.

a) signora, amico, signore, albergo, studente, città, colazione, fine settimana, controllore, dottoressa, cinema, balcone.

b) mare, treno, camera, e-mail, parcheggio, autostrada, domanda, chiave, lavoro, tennis, regione, doccia, ingegnere, vacanza.

I puntini sotto le vocali indicano dove cade l'accento.

Per le seguenti lettere non usiamo il nome di una città, ma si pronunciano così:

A come Ancona	**N** come Napoli
B come Bologna	**O** come Otranto
C come Como	**P** come Palermo
D come Domodossola	**Q** come Quarto
E come Empoli	**R** come Roma
F come Firenze	**S** come Salerno
G come Genova	**T** come Torino
H come *Hotel*	**U** come Udine
I come Imola	**V** come Venezia
L come Livorno	**Z** come Zara
M come Milano	

J (i lunga)
K (cappa)
W (vu doppia)
X (ics)
Y (ipsilon)

ITALIA & ITALIANI

Fare lo spelling di un nome in italiano
Per fare lo spelling in italiano usiamo i nomi di città, possibilmente importanti e famose.
In italiano non usiamo la dieresi. Quando c'è (nelle parole o nomi stranieri), diciamo ad esempio U con due puntini sopra.

1 Abbinate le parole e le espressioni date al tema corrispondente.

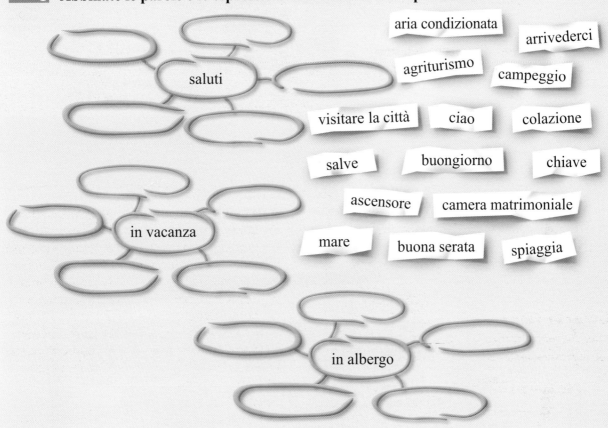

aria condizionata

arrivederci

agriturismo   campeggio

visitare la città   ciao   colazione

salve   buongiorno   chiave

ascensore   camera matrimoniale

mare   buona serata   spiaggia

saluti

in vacanza

in albergo

2 Abbinate le seguenti frasi alla categoria corrispondente.

C'è l'ascensore? ◆ Vado a Bari per lavoro. ◆ Ciao, Martina! ◆ C'è il parcheggio?
◆ Sono Sandra Torre. ◆ Le presento il signor Ferri. ◆ Buonasera, ingegnere!
◆ Va a Venezia per visitare la città.

1. Salutare

....

....

2. Presentare se stesso o qualcun altro

....

....

3. Esprimere un motivo

....

....

4. Chiedere se c'è qualcosa

....

....

3 Completate i sostantivi con le corrette desinenze.

Hotel Baia del Capitano
☆☆☆

Mazzaforno/Cefalù (Pa)
Piccolo hotel in stile mediterraneo, situato in una tranquilla zona di campagna a pochi minuti dal mar.... e a 5 km dal centr.... storico di Cefalù. Gestione familiare. Dalla terrazz.... panoramica meravigliosa vista sul Golfo di Cefalù. 39 camere con bagno, telefon...., TV, ari.... condizionata. Ristorant.... con menu alla carta. Giardin...., piscina, spiagg.... riservata attrezzata (sdraio e ombrelloni gratuiti), parcheggi.... . Autobu.... di linea per il centro.

4 Completate la tabella con le parole in corsivo del testo.

Donatello
Istituto di Lingua e Cultura Italiana
Dal 1996 corsi individuali e di gruppo nelle principali lingue straniere

L'Istituto Donatello tiene regolarmente corsi individuali e di gruppo nelle maggiori lingue europee ed in altre lingue di particolare importanza per il commercio e per un grande centro del turismo mondiale come Firenze:

Inglese Francese Giapponese
Spagnolo *Tedesco* Coreano

Su richiesta possiamo organizzare anche corsi in altre lingue, ad esempio *olandese*, *portoghese*, *russo* ed arabo. L'Istituto offre inoltre corsi di *italiano* per stranieri rivolti sia a chi è interessato soltanto a corsi di lingua, sia a chi è interessato a corsi specifici su aspetti della cultura italiana, come la storia dell'arte, la moda o la letteratura.

Paese	Lingua/Nazionalità	Paese	Lingua/Nazionalità
1. Italia	....	4. Olanda	....
2. Inghilterra	....	5. Russia	....
3. Germania	....	6. Portogallo	....

edizioni Edilingua

5 **Completate la seguente e-mail inserendo le forme verbali corrette.**

1. sono – sei ◆ 2. abita – abito ◆ 3. È – Sono ◆ 4. imparare – imparo ◆ 5. ho – ha
◆ 6. va – andiamo ◆ 7. trovare – passare ◆ 8. andare – trascorrere ◆ 9. c'è – ha
◆ 10. lavoro – lavora ◆ 11. parli – parlo ◆ 12. cerchi – cerco ◆ 13. è – sono

>> Ciao a tutti! Sono Alessio, (1) .... italiano ma (2) .... a Birmingham. (3) .... qui in Gran Bretagna per (4) .... l'inglese e (5) .... molti amici stranieri. Spesso (6) .... insieme in piscina, a mangiare una pizza o in discoteca. In estate vado in Italia a (7) .... i miei parenti e a (8) .... le vacanze. Mio padre (9) .... un albergo vicino a Pescara. Quando sono lì (10) .... nel ristorante e nel bar dell'hotel; c'è sempre molta gente straniera e io (11) .... abbastanza bene il tedesco, l'inglese e il francese. Scrivo nella rubrica di amici.net perché (12) .... amici on-line. Il mio indirizzo e-mail (13) .... Ale23@aol.com.

6 **Leggete i seguenti biglietti da visita.**

Alberto Zampini
Dottore Commercialista

Via Traversa Fiorentina, 10   Tel. e Fax 0574/634782
59100 Prato

Marco Poggini
Dottore Commercialista

Viale Montegrappa, 278/E – 59100 Prato
Tel./Fax 0574/570196
Abitazione 0574/814974

Graziella Ferraroni
▢ Avvocato ▢

Via Duca d'Aosta, 2   Tel. 055 – 474545
50120 Firenze   Fax 055 – 488235

AVV. IVAN BECHINI

V.le della Repubblica 241
59100 Prato
Tel. 0574 – 574342
Cell. 335 – 6345356

Maria Bassi
Agente immobiliare
Stima e valutazione di immobili
Amministrazione affitti

Via del Castagno, 64   Tel. 0574/603468
59100 Prato   Cell. 338/9663353

Leggete ora le frasi e contrassegnate se sono vere o false.

	vero	falso
1. Ivan Bechini è dottore commercialista.	☐	☐
2. Alberto Zampini lavora in Via Traversa Fiorentina.	☐	☐
3. Il numero di telefono di Graziella Ferraroni è 055 488235.	☐	☐
4. La signora Bassi non lavora a Firenze.	☐	☐
5. Il signor Zampini e il signor Poggini lavorano a Prato.	☐	☐

7 Abbinate i titoli di giornale agli articoli corrispondenti.

1 Ritorna il sabato di Trenitalia.

2 *Il treno è di tutti. Telefonate senza disturbare.*

3 La Carta dei Servizi di Trenitalia. **IL BIGLIETTO**

☐ **a)** Acquistare il biglietto è semplice: lo si può fare presso le biglietterie delle stazioni, le agenzie di viaggio autorizzate, le macchine self-service (...), la biglietteria on-line (www.trenitalia.com) e quella telefonica (199.166.177).

☐ **b)** Sabato 9 novembre e gli altri sabati del mese puoi viaggiare in tutta Italia con soli 10 euro per gli Intercity e 20 per gli Eurostar e gli Intercity Notte.

☐ **c)** Il treno è un mezzo di trasporto libero e di tutti. Mentre viaggiate potete conversare, leggere, pranzare, ascoltare musica, fare conoscenze, lavorare (...) o studiare. E anche telefonare, usando il telefono cellulare nei corridoi e nelle piattaforme (...).

8 Quale annuncio interessa a queste persone?

☐ Due coppie di amici cercano alloggio in un agriturismo per trascorrere le vacanze di Pasqua (aprile).

☐ Famiglia Rentilla (2 adulti + 2 bambini) cerca residence vicino al centro di Cervinia per trascorrere 4 giorni a sciare.

☐ Famiglia Pavesi (2 adulti + 2 bambini) cerca campeggio con parco giochi e servizio per i camper.

☐ Giovane *coppia di sposi* cerca monolocale per trascorrere un fine settimana a Courmayeur.

Vacanze in Val d'Aosta
affitti vendite case residence villaggi hotel

Case in affitto

1 **Antey Saint André (AO)** a pochi chilometri dalle stazioni sciistiche della Valle di Cervinia affittasi appartamento 5–6 posti letto, stagione invernale. Prezzo interessante. Tel. 016 66 14 35.

2 **Courmayeur (AO)** affittasi monolocale posizione centrale e panoramica ideale per 2–3 persone. Prezzi: settimana 337 euro, weekend 131 euro. Telefonare ore serali 017 26 24 03.

Residence/Hotel

3 **Cervinia (AO)** monolocale in *residence Giomein*, vicinissimo agli impianti di risalita, a cinque minuti dal centro. Ottimo per sciatori. 2+2 posti letto, cucina (...), servizi, riscaldamento (...) elettrico autonomo, in stagione invernale da dicembre a maggio (6 mesi), euro 2.582,28 + spese consumi (acqua, luce, gas). Tel. 036 222 95 10.

4 **Courmayeur (AO)** monolocale 5 posti letto a 2 km dal Monte Bianco, ampio e confortevole, diviso in due zone (letto e giorno), con uso cucina, all'interno di *Hotel Universo*, con ottimo ristorante. Euro 361,51 a settimana. Tel. 338 52 91 944.

Campeggi

5 **Challand St. Anselme** (AO) camping «La Grolla»** dispone di 85 piazzole, bar, calcetto, tiro con l'arco, parco giochi, camper service. Tel. 0125 96 53 33.

6 **Chatillon (AO)** camping «Dalai Lama»*** Dispone di 100 piazzole, bar, market, bocce, calcetto, palestra, pattinaggio, sauna, parco giochi. Tel. 016 55 48 688.

Agriturismo

7 **Perloz (AO)** agriturismo «Le Sapin» affitto camere con servizi di pensione completa, 5 posti letto, ristoro agrituristico, dal 15 maggio al 20 ottobre. Telefonare 012 83 22 34.

8 **Saint Pierre (AO)** agriturismo «l'Abri», affitto camere con prima colazione, 10 posti letto, aperto da aprile a ottobre, nei mesi restanti sabato e domenica, per informazioni telefonare al numero 0165 90 88 30 – 25 06 03.

edizioni Edilingua

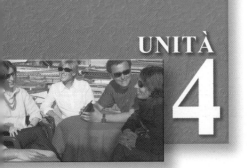

4 Prendi un caffè?

1 **Completate con l'articolo indeterminativo.**

1. ● Marina, aranciata o acqua minerale?
   ○ Per me ...... aranciata. E tu che cosa prendi?
   ● ...... acqua minerale.
2. ● Romeo, cappuccino o cioccolata?
   ○ Prendo ...... cappuccino, e tu?
   ● Io ...... cioccolata.
3. ● Orietta, panino o pasta?
   ○ ...... panino, grazie.
   ● Anch'io prendo ...... panino e dopo ...... pasta.
4. ● Giancarlo, spumante o prosecco?
   ○ Io prendo ...... prosecco, e tu?
   ● ...... spumante.

5. ● Viola, prendiamo ...... aperitivo?
   ○ Sì, volentieri, per me ...... analcolico.
6. ● Luca, spremuta d'arancia o succo di frutta?
   ○ Vorrei ...... spremuta d'arancia.
   ● Io invece prendo ...... succo di frutta.

2 **Non sono bevande esotiche, ma soltanto una macedonia di lettere! Provate a indovinare di quale bevanda si tratta e poi scrivete il nome con l'articolo indeterminativo corretto.**

1. irbar _una   birra_
2. fafèc ....
3. laco-caco ....
4. maroa ....

5. malimocla ....
6. anaciatra ....
7. vopeatiri ....
8. muaretsp ....

ITALIA & ITALIANI

La differenza tra spremuta e succo di frutta
Una spremuta è un succo di frutta (di solito un agrume) fresca appena spremuta, mentre *un succo di frutta* è un succo già pronto in bottiglia o in lattina.

3 **Riscrivete i mini dialoghi come nell'esempio.**

1.
tu ◆ io
voi ◆ noi

- Prendi un tè al limone?
○ No, prendo un caffè.
- *Prendete un tè al limone?*
○ No, ...

2.
voi ◆ noi
tu ◆ io

- Voi che cosa prendete?
○ Di primo prendiamo le lasagne e di secondo i calamari.
- ....?
○ ....

3.
tu ◆ io
voi ◆ noi

- Che cosa prendi di contorno?
○ Prendo un'insalata mista.
- ....?
○ ....

4 **Osservate le immagini e completate il dialogo tra Piero e i suoi conoscenti.**

■ Io prendo ☕ (1)..............................., e tu Anna?

○ Per me 🧁☕ (2)...

■ E Lei, signora Biagi, cosa prende?

◆ Vorrei 🥪🍶 (3)...

■ E tu Giorgino cosa prendi?

□ Prendo 🥪 (4)............................... e da bere 🥛 (5)...............................

■ E voi ragazzi cosa prendete?

▲ Prendiamo 🍺🍺 (6)...

Riassumete ora cosa ha ordinato ciascuno di loro.

Piero prend............................... Anna .... e ....

La signora Biagi prend............................... e ....

Giorgino .... e da bere un .... di acqua minerale.

I ragazzi .... e ....

5 Cercate nel diagramma le forme verbali di *avere* e scrivetele accanto ai pronomi personali corrispondenti.

A	N	P	E	H	O	I	L	L	O
B	U	C	C	A	S	C	H	I	A
B	I	A	H	I	M	I	A	U	V
I	M	M	A	N	B	E	R	R	E
A	C	Q	N	R	U	K	O	L	T
M	A	B	N	O	D	L	E	W	E
O	G	U	O	S	T	R	I	P	O

io ....

tu ....

lui, lei, Lei ....

noi ....

voi ....

loro ....

6 Completate le frasi con le forme verbali date di *bere*.

bevo

1. *Bevo* un aperitivo al banco.

2. Come mai (loro) .... uno spumante al Bar *Galleria*? È caro!

3. .... anche voi una cioccolata calda?

4. Che cosa (noi) .... a cena?

5. Allora, tu prendi una pizzetta e ... che cosa ....?

6. Anna .... sempre un tè al limone a colazione.

bevete
bevono
beviamo
bevi
beve

7 Scrivete i seguenti numeri in cifre.

sedici ....   sessantasei ....

settantasette ....   novanta ....

tredici ....   ottantacinque ....

diciannove ....   trentatré ....

zero ....   quarantotto ....

ITALIA & ITALIANI

Scriviamo la parola *tre* senza accento, tranne quando accompagna altri numeri, ad esempio: *ventitré*, *quarantatré* ecc.

8 Cosa apparirà? Unite i numeri nella giusta sequenza e lo scoprirete!

quattordici · · sedici
quindici
dieci
nove
undici   tredici   diciassette
uno   dodici   venti   diciotto
otto   due   diciannove
tre
quattro
sette
cinque
sei

9 Scrivete i seguenti numeri in lettere. Qual è la parola nascosta?

12 ▶
17 ▶
30 ▶
2000 ▶
26 ▶
42 ▶
800 ▶
81 ▶

Soluzione: ....

10 Un po' di matematica ...

1. Quindici più sei fa ....
2. Centocinquanta meno quarantaquattro fa ....
3. Otto per otto fa ....
4. Mille diviso venticinque fa ....
5. Cinquecentosettanta più trenta fa ....
6. Ventisette meno sedici fa ....
7. Nove per due fa ....
8. Duecentosei diviso due fa ....

+ più
- meno
x per
: diviso

11 Cercate nel testo tutti i sostantivi al singolare e scriveteli con l'articolo determinativo nella corretta colonna.

365 colazioni, pranzi e cene di un italiano medio

Il menu di un anno a tavola

Primo piatto: 60 kg di pasta al sugo di pomodoro.
Secondo: 82 kg di carne.
Contorno: 40 kg d'insalata.
Dessert: 13 kg di torta.
E da bere: 75 bottiglie di vino, 69 lattine di birra, 81 litri di latte e 715 tazzine di caffè.

♂
♀

il menu

edizioni Edilingua

12 Sottolineate tutti i sostantivi al plurale e scriveteli con l'articolo determinativo nei riquadri in basso.

Menu

Antipasti

Mozzarella di bufala
con pomodorini e rucola
Crostini di fegatini alla fiorentina 8.00
Piccola zuppa di pesce fresco 4.00
.... 6.00

Primi

Tagliatelle al sugo di cinghiale
Ravioli con funghi porcini 7.50
Gnocchetti al gorgonzola 7.50
Lasagne alle verdure 7.50
Farfalle alla pescatora 7.50
.... 7.50

Secondi

Coniglio alla griglia
Bistecca di maiale 8.00
Agnello in umido 8.00
Calamari alla siciliana 11.00
Trota alla mugnaia 10.00
.... 12.50

Contorni

Fagioli all'olio 3.00
Peperoni alla griglia 3.00
Spinaci aglio e olio 3.50
Patate fritte 3.50
Insalata mista 3.50

Dessert

Torta di noci 4.00
Biscottini di Prato e vinsanto 3.00
Frutta di stagione 2.50

Coperto € 2.00
IVA e servizio inclusi

Art.	Sostantivo	Art.	Sostantivo	Art.	Sostantivo
gli	antipasti				

13 Scrivete, prima al singolare e poi al plurale, il nome di queste immagini con l'articolo corrispondente.

1. HOTEL OPERA ....
....

2. CISIN FOOD S.P.A. ....
....

3. ....
....

4. ....
....

5. ....
....

6. ....
....

7. ....
....

8. ....
....

9. ....
....

10. ....
....

14 **Questo padrone di casa è molto attento! Completate le frasi con l'aggettivo corretto.**

Gassata   bianco   al limone   calda   amara

Prendi una cioccolata (1)........................? No?

Allora un tè (2)........................ o un'aranciata (3)........................?

Ho anche il Martini (4)........................ .

Prendi solo un'acqua minerale? (5)........................, vero?

15 **Completate con *proprio, un po', troppo*.**

Riccardo va al *bar Italia* e ordina una pizzetta e
un cappuccino. Ma chiama il cameriere ...

Senta, scusi, ma il cappuccino
è (1)........................ freddo, la pizzetta invece
è (2)........................ calda!

Poi prende un gelato e ...

Mmh, il gelato è
(3)........................ buono!

ITALIA & ITALIANI

Cento tipi di caffè ...
Caffè corretto: con una goccia di grappa,
amaro o whisky.
Caffè lungo: più caffè ma meno
concentrato dell'espresso normale,
comunque servito in una tazzina.
Caffè ristretto: le prime gocce di caffè,
perciò molto concentrato.
Caffè macchiato: con un po' di latte,
servito nella tazzina.
Caffè freddo: molto caffè, servito
freddissimo in un bicchiere.
E poi *caffè d'orzo* (fatto con l'orzo), *caffè
Hag* o *decaffeinato* (senza caffeina) e
... tanti altri ancora!

16 **Completate con la desinenza appropriata.**

1. il vino frances.....   5. il caffè italian.....

2. i formaggi olandes.....   6. la pasta italian.....

3. il caviale russ.....   7. l'olio spagnol.....

4. la marmellata ingles..... 8. la cioccolata svizzer.....

edizioni Edilingua

17 **Scegliete l'espressione corretta.**

1. ● Buonasera. Un tavolo per quattro, dunque / per favore .
   ○ Questo va bene?
   ● Proprio / Va benissimo .
2. ● Signora Giusti, che cosa prende di contorno?
   ○ Mi dispiace / Mah, veramente non so .
3. ● Un caffè e un cappuccino. Com'è / Quant'è ?
   ○ 2 euro e 65. Ecco lo scontrino.

4. ● Cosa avete di buono oggi?
   ○ Di primo i ravioli con funghi porcini e il minestrone e di secondo l'agnello in umido e la trota.
   ● Allora / Prego prendo il minestrone e la trota.
5. ● Com'è / Che cosa è la pizzetta?
   ○ È un po' fredda.
6. ● Avete le lasagne?
   ○ Mi dispiace / Per favore oggi no.

18 **Come dite, quando ...**

1. ... volete chiamare il cameriere in un ristorante?

....

2. ... volete chiedere il conto?

....

3. ... volete chiedere un tavolo per tre?

....

4. ... volete esprimere dispiacere?

....

5. ... volete esprimere sorpresa/stupore?

....

6. ... al ristorante, volete ordinare da mangiare e da bere?

....

7. ... volete esprimere indecisione?

....

ITALIA & ITALIANI

Lo sapevate?
■ Gli italiani bevono il *cappuccino* solo di mattina o, a volte, di pomeriggio, ma mai dopo un pasto.
■ Al bar, di solito, gli italiani bevono il caffè in piedi, al banco.
■ Quando si desidera chiamare il cameriere per ordinare qualcosa, non si dice *Cameriere!*, ma *Scusi* oppure *Senta, scusi...*

■ Al ristorante non è normale che ciascuno paghi per sé (ossia *alla romana*). Si chiede il conto totale e poi si divide insieme.

Tu che cosa fai?

1 **Cercate nel diagramma le seguenti parole:**

Commesso ◆ Insegnante ◆ Tassista ◆ Medico ◆ Architetto ◆ Avvocato

◆ Impiegata ◆ Casalinga ◆ Infermiere ◆ Ingegnere

A	C	A	T	A	S	S	I	S	T	A	M
P	O	L	L	V	I	O	N	T	I	Z	E
I	M	U	N	V	O	S	S	C	M	O	D
S	M	A	C	O	L	A	E	A	P	R	I
R	E	F	A	C	U	I	G	L	I	O	C
X	S	V	B	A	C	H	N	I	E	K	O
E	S	A	T	T	U	C	A	N	G	H	I
W	O	L	T	O	M	A	N	F	A	G	A
U	P	A	R	C	H	I	T	E	T	T	O
Q	U	E	S	T	U	R	E	R	A	M	E
U	S	D	E	F	G	J	I	M	L	O	X
E	R	A	C	A	S	A	L	I	N	G	A
C	V	D	I	L	O	Z	U	E	L	L	I
C	I	N	G	E	G	N	E	R	E	Z	O
I	A	F	L	P	T	U	I	E	T	T	U

2 **Abbinate le professioni al luogo di lavoro, come nell'esempio.**

1.	la commessa
2.	il cameriere
3.	il programmatore
4.	il medico
5.	l'impiegata
6.	l'operaio
7.	il controllore
8.	lo studente

a)	il ristorante
b)	l'ospedale
c)	l'università
d)	il negozio
e)	il treno
f)	la ditta di computer
g)	l'agenzia di viaggi
h)	la fabbrica

3 Che lavoro fanno? Completate le frasi.

1. Michela lavora in banca: è ....

2. Gianni lavora in una fabbrica: fa ....

3. Alberto lavora in un negozio di scarpe: fa ....

4. Luciano va ancora all'università: è ....

5. Barbara lavora in ospedale: fa ....

6. Marcello lavora in uno studio legale: è ....

7. Carlo lavora sui treni: fa ....

8. Lucia lavora in casa: è ....

9. Claudia e Vito lavorano in una scuola: sono ....

4 Chi sono? Formulate delle frasi come nell'esempio.

 1 Anna Kessler, 55 anni, Helsinki, Roma, insegnante

 2 Angelo Palombo, 68 anni, Benevento, pensionato, Napoli

 3 Lucio e Sara Tempestini, 35 anni, Grosseto, Firenze, casalingo, ditta di computer

 4 Silvia Furlan, 23 anni, architettura, Padova

 5 John Wood, 60 anni, inglese, giornalista, Roma

 6 Pirmin Isenschmid, 38 anni, Zurigo, ingegnere, Milano

Si chiama Anna, ha cinquantacinque anni, è di Helsinki, ma abita a Roma. Fa l'insegnante.

....

....

....

....

5 Abbinate il sostantivo all'aggettivo appropriato.

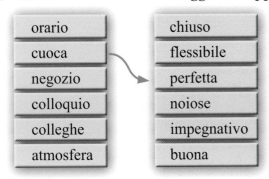

orario	chiuso
cuoca	flessibile
negozio	perfetta
colloquio	noiose
colleghe	impegnativo
atmosfera	buona

6 Completate con le desinenze corrette.

Fulvia lavora in un'agenzia di viaggi. Il suo lavoro è interessant.... anche se non è facil...., e a volte è anche stressant...... Alida invece lavora in biblioteca, ha contatti con persone molto giovan....., il suo non è un lavoro faticos...., però è vari.... e a volte anche impegnativ...... Fulvia e Alida sono content.... del lavoro che fanno.

7 Volgete le frasi al singolare o al plurale.

1. la signora contenta ....
2. i colleghi simpatici ....
3. il lavoro creativo ....
4. le colleghe simpatiche ....
5. il bambino polacco ....
6. la pizzetta calda ....
7. i panini buoni ....
8. il caffè freddo ....
9. le aranciate amare ....
10. la vacanza perfetta ....

8 Scegliete la forma corretta.

1. il suo lavoro / suo lavoro
2. mia sorellina / la mia sorellina
3. il suo medico / suo medico
4. suo marito / il suo marito
5. tua ditta / la tua ditta

6. la mia madre / mia madre
7. mia insegnante / la mia insegnante
8. mio cognato / il mio cognato
9. mia casa / la mia casa
10. mio padre / il mio padre

9 Completate con gli aggettivi possessivi preceduti, se necessario, dall'articolo determinativo corretto.

1. Massimo, ti piace .... nuovo lavoro?
2. Laura ha un'amica a Tokyo. .... amica è giapponese.
3. La signora Mosul studia l'italiano. .... insegnante è molto bravo.
4. Io ho una bambina. .... bambina ha cinque anni.
5. .... moglie è spagnola? Perciò parli bene lo spagnolo!
6. Andrea ha una casa in Italia. .... casa è nelle Marche.
7. Marianna è sposata. .... marito è ingegnere.
8. Lavoro in un ufficio, siamo in due: .... collega è simpatico.

edizioni Edilingua

10 Ricordate il testo a pagina 46? Inserite le forme verbali corrette.

Cucino, ..., ... E .... contento. *pulire, stirare, essere*

FIORENZO BRESCIANI, 49 anni, casalingo ed ex-imprenditore,

membro del «Movimento uomini casalinghi», ... *raccontare*

« .... casalingo e la mia vita .... intorno alla casa *essere, girare*

... e a mia moglie. Lei .... medico e il suo lavoro .... *essere, essere*

.... molto stressante. Ma anch'io .... tanto da fare. Ecco la *avere*

mia giornata: la mattina .... la colazione, ... il *preparare, fare*

letto, ... in ordine, ... , ... – ma stirare *mettere, pulire, stirare*

non .... il mio forte – e .... a fare la spesa. Il *essere, andare*

pomeriggio .... nello studio di mia moglie, poi .... *lavorare, tornare*

a casa e .... da mangiare, così quando lei .... di *preparare, finire*

lavorare, la cena .... già pronta ... ormai .... un *essere, essere*

cuoco perfetto!»

11 Abbinate le diverse sillabe in modo da formare i nomi dei giorni della settimana, quindi scriveteli nell'ordine giusto.

ITALIA & ITALIANI

lu ◆ ve ◆ ni ◆ ne
sa ◆ do ◆ dì ◆ te
dì ◆ mar ◆ gio ◆ dì
le ◆ me ◆ co ◆ dì
dì ◆ ca ◆ ba ◆ ve
mer ◆ to ◆ ner

....
....
....
....
....
....
....

In Italia, il lunedì sono chiusi tutti i musei, le pinacoteche e le mostre, ma anche (in particolare di mattina) molti negozi, ristoranti e pizzerie. Invece, il sabato è tutto aperto, anche di pomeriggio. Nei luoghi turistici, come pure in molte città, spesso i negozi rimangono aperti anche di domenica.

12 Completate la tabella con le forme verbali mancanti.

infinito	....	....	....	....
io	....	....	*devo*	....
lui, lei, Lei	....	....	....	....
voi	....	....	....	....
loro	....	....	....	*possono*
noi	*facciamo*	....	....	....
tu	....	*finisci*	....	....

13 Riscrivete le frasi dividendo le parole correttamente.

1. Midispiacemanonposso.

   ....

2. Alloradevofiniredilavorareprima.

   ....

3. Domenicanonpossiamoandareatrovaremiamadre.

   ....

4. Ogginonpoteteperchédoveteandaredaldentista.

   ....

5. Develavorareanchesabato.

   ....

6. Oggipomeriggiononpossonofarelaspesaperchéilnegozioèchiuso.

   ....

7. Devonopulireilbagnoestirare.

   ....

8. Puoiandaretuaprendereibambiniascuoladomani?

   ....

9. Venerdìdeviandaredalmedico?

   ....

10. Dobbiamoancorapreparalacena.

   ....

14 Completate le frasi con le forme corrette dei verbi dati.

1. .... (*potere*) andare voi a prendere Camilla a scuola oggi?

2. Questo pomeriggio .... (*dovere – io*) andare dal medico.

3. Purtroppo i signori Corradini non .... (*potere*).

4. Adesso i bambini .... (*dovere*) andare a scuola.

5. Lucio, scusa, ... (*potere*) preparare tu la colazione?

6. Marco, ... (*dovere*) fare la spesa?

7. .... (*avere – io*) 14 anni e non .... (*potere – io*) ancora tornare
   a casa tardi la sera.

8. Signora Corso, ... (*dovere*) lavorare sabato?

9. Con questo treno .... (*dovere – noi*) cambiare a Verona.

10. Oggi non .... (*potere – io*) andare in ufficio perché
    .... (*essere – io*) malato.

edizioni Edilingua

15 **Franco e Sandra si incontrano per strada: completate il dialogo.**

Sandra saluta Franco.

○ *Ciao, Franco!* ....

● Ciao Sandra, come va?

Sandra sta bene, per fortuna adesso ha un lavoro.

○ ....
....

● Ah, bene! E dove lavori?

Sandra lavora in un'agenzia di viaggi a Vicenza.

○ ....
....

● È un lavoro impegnativo?

Sandra risponde di sì, ma aggiunge che il lavoro è interessante e che l'ambiente di lavoro è buono. Ha due colleghi molto simpatici.

○ ....
....
....
....

● E devi lavorare anche il sabato?

Sandra deve lavorare il sabato mattina e la sera arriva sempre tardi a casa. Ma è contenta. Chiede poi a Guido quando finisce gli studi.

○ ....
....
....
....
....

● Quest'anno per fortuna. E poi ... speriamo bene!

1 Inserite nella tabella i sostantivi e gli aggettivi mancanti aiutandovi con la seguente inserzione.

V.V.V. CERCASI

1 operaio generico specializzato
6 montatori meccanici
1 segretaria con conoscenza lingue
2 impiegati amministrativi
4 programmatori linguaggio visual basic
e access

Se pensate che uno di questi lavori faccia per voi, contattateci al più presto presso la nostra filiale:

Vedior lavoro temporaneo S.p.A.
Filiale di Firenze
Via San Gallo, 5r – 50129 Firenze
Tel +39-055-2670365 – Fax +39-055-210799

È segno che hai trovato lavoro.   www.vedior.it

Sostantivo singolare	Sostantivo plurale
....	operai
montatore	....
impiegato	....
programmatore	
....	segretarie
lavoro	....

Aggettivo singolare	Aggettivo plurale
....	generici
meccanico	....
amministrativo	....
....	specializzati
....	temporanei

2 Scegliete la forma verbale corretta e completate il testo.

amano – devono ◆ hanno – sono ◆ bere – mangiare ◆ cucinare – festeggiare

organizzare – comprare ◆ fate – comprate ◆ Potete – Avete ◆ è – ha ◆ finire – preparare

Sempre più persone .... **bere l'aperitivo prima di cena o pranzo.**

HAPPY HOUR A TUTTI

E sempre più numerosi .... **i bar specializzati nell'happy hour.**

Ma potete .... l'aperitivo anche in casa: non solo prima del pasto, ma anche per .... un evento o stare insieme agli amici … ogni occasione è buona per .... cocktail fantasiosi, accompagnati da un piccolo buffet. Da mangiare .... noccioline, pop corn, cracker e salatini. .... offrire anche olive, funghetti o pomodori. L'aperitivo più semplice .... quello già pronto: i classici bitter, un Martini, va bene anche uno spumante freddo. Naturalmente potete .... dei cocktail facili, basta aggiungere allo spumante freddo un po' di succo di arancia.

edizioni Edilingua

3 I clienti delle foto si sono dimenticati di inserire gli articoli nelle loro ordinazioni. Completate.

Aperitivo della Casa con buffet di antipasti:

Crostini toscani

Insalata tiepida di polpo e fagioli verdi

Affettati toscani misti ed olive

Assortimento di formaggi

Primi piatti:

Tortellini al sugo di cappone

Risotto al salmone profumato al limone

Secondi piatti:

Spiedini di pesce sul letto di indivia e rucola

Arrosto di maiale al rosmarino con patate arrosto

Dessert:

Panettone con crema chantilly

Vino:

Chianti Classico Gallo Nero

Acqua e spumante

1 Per cominciare prendo .... crostini toscani e .... affettati misti con .... olive. Di primo vorrei .... tortellini al sugo di cappone. Di secondo invece prendo .... spiedini con .... indivia e .... rucola. Da bere prendo .... bottiglia di Gallo Nero.

2 Come antipasto vorrei .... insalata di polpo e fagioli. Di primo prendo .... risotto al salmone. Di secondo invece vorrei .... arrosto di maiale con .... patate. Da bere vorrei .... bottiglia di acqua minerale e .... quarto di vino rosso.

4 Leggete i seguenti annunci.
Quali affermazioni sono vere e quali no?

AREA 51
INTERNET CAFÉ

Un locale per trovarsi e ritrovarsi

300 mq 44 computer in rete per giocare multiplayer
connessione permanente per navigare, lavorare, chattare e volare
con i soli limiti della tua fantasia
La sera primi piatti

www.area.it info@area51.it
Via U. della Faggiola 30 – Firenze – Tel. 055 68.00.389
orario: dalle 15.30 fino a tarda notte

A FIESOLE IL PESCE SI PESCA IN PIAZZA

RISTORANTE
45
piazza Mino

CUCINA TOSCANA RIVISITATA • PIATTI
A BASE DI PESCE E CARNE • SALUMI E
FORMAGGI • INSALATE • DOLCI FATTI
IN CASA • AMPIA SCELTA DI VINI •
MENU SPECIALE DOPO TEATRO •
MOSTRA D'ARTE PERMANENTE

**PIAZZA MINO DA FIESOLE 45
FIESOLE – TEL. 055 599854**

Birreria Centrale
1898

Il meglio della cucina
sudtirolese

Birre artigianali
tedesche e belghe

aperto dalle 12 alle 16/19–24
chiuso la domenica

P.zza Cimatori 1/R
Tel. 055 211915

TRATTORIA
MULINO
A
VENTO

Ristorante Pizzeria
Via Montefiesole, 48
50065 Pontassieve (FI)
Loc. Monterifrassine

tel. 055.8396221 – fax 055.8396221
Internet: www.paginegialle.it/mulino

Veranda all'aperto
Ampio parcheggio
Chiuso il mercoledì

TRATTORIA
BALDOVINO

LA VERA PIZZA NAPOLETANA COTTA
NEL FORNO A LEGNA

«CHIANINA» ALLA   INSALATE
GRIGLIA   GOURMET

DOLCI FATTI   PESCE
IN CASA   FRESCO

AMPIA SCELTA DI
VINI ITALIANI

**LA MODERNA
CUCINA ITALIANA**

Firenze – Via San Giuseppe 22R
(Piazza Santa Croce) – Tel. 055

---

	vero	falso
1. Nella *Trattoria Baldovino* possiamo mangiare dolci fatti in casa.	☐	☐
2. Per mangiare il pesce dobbiamo andare solo a Fiesole.	☐	☐
3. Nella *Birreria Centrale* possiamo bere birre artigianali tedesche.	☐	☐
4. All'*Area 51* possiamo mangiare ogni sera la pizza napoletana.	☐	☐
5. La *Trattoria Baldovino* è aperta solo la sera.	☐	☐
6. Andiamo all'*Area 51* quando vogliamo navigare in internet.	☐	☐
7. La *Birreria Centrale* è aperta anche la domenica.	☐	☐
8. Quando vogliamo mangiare all'aperto andiamo al *Mulino a Vento*.	☐	☐
9. Al *Ristorante 45 piazza Mino* c'è una mostra d'arte permanente.	☐	☐
10. Al *Mulino a Vento* non possiamo mangiare la pizza.	☐	☐

edizioni Edilingua

5 Collega le richieste di lavoro delle cinque persone ai posti offerti nelle inserzioni. Tutte le offerte si rivolgono ad entrambi i sessi.

lavoro richieste

1 ■ 28enne, automunita, italiana, con esperienza, bella presenza, cerca lavoro come cameriera.

2 ■ 22enne cerca serio lavoro come commessa full/part-time zona Campi/Sesto/Prato, ottime doti comunicative, max serietà, ottima volontà apprendere.

3 ■ Infermiera esperta in assistenza anziani cerca lavoro a tempo pieno.

4 ■ 33enne, conoscenza inglese, francese, tedesco, uso PC, esperienza pluriennale ufficio vendite, gestione clienti, cerca lavoro di segreteria, full time.

5 ■ Giovane ingegnere meccanico, ottima conoscenza della lingua inglese, disposto a viaggiare anche all'estero, cerca buon impiego.

lavoro offerte

a ■ A.A.A. cercasi per ristorante in Firenze **cameriera/e** bella presenza e con esperienza. Si cerca anche un sommelier direttore di sala. Telefonare per appuntamento. Tel. 055/899099

b ■ A.A.A. compagnia teatrale cerca **segretaria** amministrativa, con conoscenza Word Excel Explorer Outlook. Impegno iniziale part-time. Locomozione autonoma. Preselezione inviando curriculum via e-mail: chille@ats.it o via fax: 0574/772345

c ■ A.A.Assumiamo **segretaria** con esperienza, conoscenza inglese, esperta computer, capacità organizzative, lavoro a stretto contatto con la direzione, zona di lavoro Firenze Sud. Inviare curriculum via fax citando rif. MZ200: 055/456289

d ■ **Commessa** per bar-pasticceria in Firenze centro, disponibilità full time. Tel. 333/9669848

e ■ Affermate case di cura, centri di riabilitazione e famiglie buon livello necessitano **infermieri** professionali anche stranieri con diploma riconosciuto, educatori con qualifica OSA, OTA, ausiliari con esperienza con anziani e con referenze, per colloquio tel. 055/461105

f ■ **Commesso/a** con esperienza nel settore dell'elettronica, orario full time, bella presenza, buon uso del PC. Zona Prato.

g ■ **Infermiera** professionale per studio medico, contratto part-time. Tel. 055/4476693

h ■ **Ingegnere** meccanico neolaureato o con 2/3 anni di esperienza, conoscenza della lingua inglese, durata del contratto un mese prorogabile. Possibile inserimento. Sede di lavoro: Ginestra Fiorentina. Ricerca urgente Tel. 0571/534936

C'è una banca qui vicino?

1 Completate con le preposizioni articolate.

a	.... Giro d'Italia	.... ristoranti	.... cassa	.... hotel
da	.... insegnanti	.... amiche	.... ragazzi	.... infermiera
in	.... ospedali	.... studi medici	.... negozi	.... fabbriche

2 Completate con la preposizione *a* seguita dall'articolo determinativo.

Vorrei un gelato

(1) .... frutta.

(2) .... limone.

(3) .... arancia.

(4) .... cioccolato.

(5) .... pesca.

(6) .... caffè.

3 Completate con le preposizioni *a* o *da* seguite, se necessario, dall'articolo determinativo.

Devo andare

(1) .... mio padre.

(2) .... mia amica.

(3) .... casa di Piero.

(4) .... dentista.

(5) .... corso di italiano

(6) .... edicola.

4 Completate con la preposizione *in* seguita, se necessario, dall'articolo determinativo.

1. Puoi mangiare .... trattorie qui vicino.

2. .... alberghi del centro non c'è una camera libera.

3. Devo andare .... piazza dell'Anfiteatro.

4. .... ascensore c'è un pacchetto.

5. Andiamo in vacanza .... Italia.

6. .... mia camera il telefono non funziona.

edizioni Edilingua

5 *C'è* o *ci sono*? Sottolineate per ciascuna frase la forma corretta. Leggete poi il testo a pagina 29 di *Allegro 1* e scrivete se le affermazioni sono vere o false.

Nell'*Hotel Baia del Capitano*:

		vero	falso
1. c'è / ci sono una terrazza panoramica.		☐	☐
2. c'è / ci sono trentotto camere con bagno.		☐	☐
3. c'è / ci sono il ristorante con menu alla carta.		☐	☐
4. c'è / ci sono i campi da tennis.		☐	☐
5. c'è / ci sono due ascensori.		☐	☐
6. c'è / ci sono la piscina.		☐	☐
7. c'è / ci sono la spiaggia riservata.		☐	☐

 6 **Cosa c'è di bello da vedere a Lucca e nelle Marche? Completate con *c'è* o *ci sono*.**

A Lucca ...

.... piazza dell'Anfiteatro.

.... i negozi di via Fillungo.

.... le antichità di via del Battistero.

.... negozi, botteghe, bar e ristoranti.

.... la mostra mercato dei fiori.

Nelle Marche ...

.... la città medievale di Jesi.

.... la Basilica di Loreto.

.... i Monti Sibillini.

.... le grotte di Frasassi.

.... il porto di Ancona.

7 **Abbinate le frasi.**

1.	Nell'agenzia di viaggi c'è
2.	Suo marito è
3.	In piazza Mazzini c'è
4.	Angela è spesso
5.	La fermata dell'autobus è
6.	Alla cassa c'è

a)	la Banca di Roma.
b)	dalla parrucchiera.
c)	davanti all'albergo *Sole*.
d)	un impiegato simpatico.
e)	una cassiera antipatica.
f)	un famoso dottore tedesco.

8 **Riscrivete le frasi come nell'esempio.**

1. Gli amici sono al bar. ➤ *Al bar ci sono gli amici.*
2. I miei colleghi sono in ufficio. ➤ ....
3. Gli studenti sono in classe. ➤ ....
4. Il controllore è sul treno. ➤ ....
5. Il cuoco è in cucina. ➤ ....
6. Il biglietto del treno è nella borsa. ➤ ....
7. I panini sono sul tavolo. ➤ ....

9 **Inserite *è* o *c'è*.**

1. ● Scusi, ... un cinema qui vicino?
   ○ Sì, ... il Maestoso, ... in piazza Diaz.
2. ● Scusi, questa .... via Dante?
   ○ No, questa .... via Manzoni. Via Dante non .... da queste parti.
3. ● Scusi, in via Carducci .... la Banca Cariplo?
   ○ No, la Banca Cariplo non .... in via Carducci, ... in piazza Cordusio.
4. ● Scusi, l'ingegner Guerra .... in ufficio oggi?
   ○ No, mi dispiace. L'ingegner Guerra oggi .... a Milano per lavoro.
5. ● Martina .... a scuola?
   ○ No, ... a casa.
6. ● Scusi, ... una toilette qui vicino?
   ○ Mi dispiace, non lo so.

10 **Che ore sono? Abbinate i numeri alle lettere.**

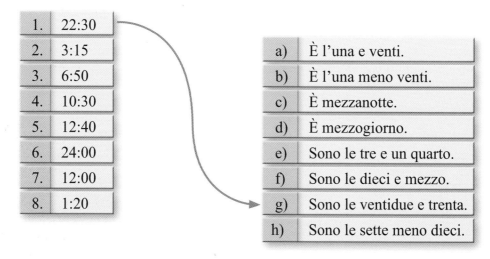

1.	22:30		a)	È l'una e venti.
2.	3:15		b)	È l'una meno venti.
3.	6:50		c)	È mezzanotte.
4.	10:30		d)	È mezzogiorno.
5.	12:40		e)	Sono le tre e un quarto.
6.	24:00		f)	Sono le dieci e mezzo.
7.	12:00		g)	Sono le ventidue e trenta.
8.	1:20		h)	Sono le sette meno dieci.

11 **Che ore sono? Scrivete l'ora come nell'esempio.**

13:40	*Sono le due meno venti. / Sono le tredici e quaranta.*
1. 02:45	
2. 15:50	
3. 19:35	
4. 21:15	
5. 14:30	
6. 13:05	

12 **Leggete la descrizione sotto e poi scrivete i nomi degli edifici negli spazi corrispondenti.**

Siete davanti alla fermata dell'autobus, sulla destra c'è l'ufficio postale, proprio accanto al Bar *Sport*. Di fronte all'ufficio postale c'è la farmacia, che è accanto al duomo. L'albergo *Leon Bianco* è di fronte all'edicola, sulla destra. Accanto al Bar *Sport* c'è il ristorante *Da Baffo*. Il *Centro TIM* è davanti alla fermata, sulla sinistra. Di fronte al *Centro TIM* c'è il cinema *Ariston*. Il supermercato *Esselunga* è accanto alla banca che è proprio di fronte al ristorante *Da Baffo*.

ITALIA & ITALIANI

Nell'autobus

In Italia non si possono acquistare i biglietti dell'autobus dal conduttore. Bisogna comprarli prima, ad esempio alle edicole, in alcuni bar o nelle tabaccherie. Solo nelle grandi città, come Milano, ci sono i distributori automatici di biglietti.

13 Completate la tabella con le forme verbali mancanti.

	aprire	sentire	uscire	venire
io	apro	....	....	vengo
tu	....	....	esci	....
lui, lei, Lei	....	sente	....	viene
noi	....	....	usciamo	....
voi	....	sentite	....	....
loro	aprono	....	....	....

14 Una giornata di Danila: completate le frasi con gli orari dati e le preposizioni appropriate.

Ciao, sono Danila. Faccio la commessa in un negozio di scarpe a Rimini.

Incomincio a lavorare ....

orario   9:30 – 19:30
lunedì   15:30 – 19:30   Il negozio è aperto ....

Il lunedì il negozio apre solo il pomeriggio ....

Gli altri giorni .... faccio sempre una pausa.

Torno a casa ...., prima faccio la spesa in un centro commerciale.

orario continuato
8:00 – 22:00
lunedì
14:00 – 22:00   Il centro commerciale apre .... e chiude

.....................................: fa orario continuato. Il lunedì il centro

è aperto ....

15 Inserite la forma corretta dei verbi indicati.

1. Scusi, ... dov'è la Pinacoteca di Brera?   *(Lei) sapere*

2. ● Carla, dov'è il ristorante *Da Gianni*?

   ○ Allora, ... di qui e giri a sinistra,   *(tu) uscire*

   non .... sbagliare.   *potere*

3. .... anche tuo padre e tua madre al Summer Festival?   *venire*

4. Beatrice, ... che ore sono?   *(tu) sapere*

5. .... quando apre il fioraio?   *(voi) sapere*

6. Devo andare alla posta. .... anche voi?   *venire*

edizioni Edilingua

16 **a) Scrivete nella cartina qui sotto i nomi corrispondenti ai cartelli indicati a destra.**

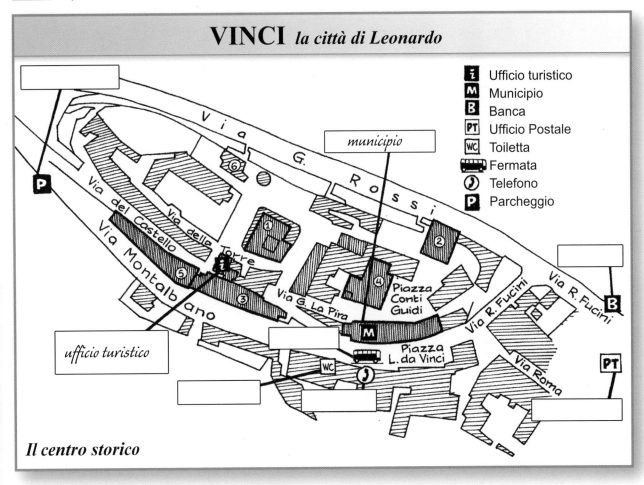

VINCI *la città di Leonardo*

i	Ufficio turistico
M	Municipio
B	Banca
PT	Ufficio Postale
WC	Toiletta
🚌	Fermata
☎	Telefono
P	Parcheggio

municipio

ufficio turistico

Il centro storico

b) Leggete ora la seguente descrizione e indicate a quale numero corrispondono gli edifici descritti.

☐ il museo leonardiano   ☐ la chiesa di Santa Croce   ☐ la biblioteca leonardiana

Lasciate la macchina al parcheggio e poi andate a piedi perché è zona pedonale. Prendete via del Castello e andate dritto fino all'ufficio turistico, lì girate a sinistra in via della Torre e davanti a voi vedete il Castello: nel Castello c'è il museo leonardiano. Vicino al Castello, in piazza Conti Guidi, c'è la chiesa di Santa Croce, famosa per il battesimo di Leonardo. Se poi volete vedere la biblioteca leonardiana, prendete via La Pira e continuate sempre dritto, sulla sinistra c'è la biblioteca.

17 **Leggete le risposte e scrivete le domande.**

1. .... Piazza Duomo è davanti alla stazione.

2. .... Il Duomo è aperto fino alle 14.

3. .... No, non c'è un ufficio postale qui vicino.

4. .... Sì, ci sono tanti alberghi in città.

5. .... Sono le 12:30.

1 **Leggete cosa raccontano Alessandra, Sergio e Gloria. Contrassegnate poi chi ha fatto le affermazioni indicate sotto.**

Ogni giorno faccio sport, vado in bicicletta e faccio molto spesso gite in montagna. La sera mi piace navigare in Internet.

Non mi piace guardare la TV, preferisco leggere. Amo cucinare, ma non mi piace pulire la casa e fare la spesa. Ogni domenica vado a ballare con mio marito.

Lavoro molto e ho poco tempo libero. La domenica mi piace invitare a casa i miei amici. Non vado mai al cinema, invece vado molto spesso a vedere le mostre. La musica italiana mi piace moltissimo.

	Alessandra	Sergio	Gloria
1. Mi piace fare sport.			
2. Mi piace leggere.			
3. Non mi piace andare al cinema.			
4. Mi piace cucinare.			
5. Mi piace la montagna.			
6. Mi piacciono le mostre.			
7. Non mi piace fare la spesa.			

2 **Completate le frasi con un pronome e la forma corretta del verbo *piacere*.**

1. ● Rita, ... il latte macchiato?

   ○ Abbastanza, ma preferisco il cappuccino.

2. ● Dottoressa, ... i funghi?

   ○ Dipende. .... molto i porcini, gli champignon invece no.

3. ● Rosa, ... i cantautori italiani?

   ○ Sì, moltissimo!

Le

ti

mi

4. ● Riccardo, vieni a ballare domenica pomeriggio?

○ No, ballare non .... Preferisco navigare in Internet e chattare.

5. ● Signor Buzzi, preferisce i concerti o le commedie?

○ I concerti non .... tanto, le commedie invece sì.

3 **Completate con la preposizione *di* seguita, se necessario, dall'articolo determinativo.**

La casa

(1) .... mie amiche
(2) .... ingegner Benini
(3) .... miei figli
(4) .... mio padre
(5) .... mia collega
(6) .... amici svizzeri
(7) .... studente
(8) .... scrittore Andrea Camilleri

4 **Inserite la preposizione *di* e, se necessario, l'articolo determinativo.**

1. La collega .... mio marito ha 40 anni.
2. Questa è la moglie .... avvocato Camagni.
3. Lo studio .... dottor Brivio è in Piazza Navona.
4. Vengo con la macchina .... Giovanni.
5. Il giardino .... albergo non è grande.
6. In questo ristorante bevo sempre il vino .... casa.

5 **Scrivete l'infinito o il participio passato dei seguenti verbi.**

incontrare	incontrato	....	dormito
fare	....	leggere	....
....	passato	....	scritto
trovare	....	essere	....
....	andato	....	avuto
cucinare	....	nascere	....
....	lasciato	....	chiuso
continuare	....	aprire	....
....	studiato	....	vissuto

6 **Completate con le forme corrette del *passato prossimo* dei seguenti verbi:**

nascere ◆ cominciare ◆ essere ◆ rappresentare ◆ essere ◆ insegnare ◆ scrivere

ANDREA CAMILLERI .... a Porto Empedocle (Agrigento) nel 1925. .... a lavorare come regista teatrale nel 1942. .... il primo a portare Beckett in Italia e .... testi di Ionesco, Strindberg e di altri autori. .... autore, sceneggiatore e regista di programmi culturali per la radio e la televisione. .... al Centro Sperimentale di Cinematografia di Roma. .... poesie, racconti e romanzi storici. È famoso soprattutto per i suoi romanzi gialli con il personaggio del commissario Montalbano.

7 **Giuliana parla della sua vita. Coniugate i verbi dati al *passato prossimo*.**

.... (*io, nascere*) a Monza nel 1964. Cinque anni dopo .... (*nascere*) mio fratello Luigi. ....
(*io, finire*) le scuole a Monza e poi l'università a Milano. Nel 1989 .... (*io, andare*) in Francia, a Parigi, per la specializzazione. Un anno dopo .... (*io, trovare*) lavoro in uno studio legale come traduttrice. Nel 1992 .... (*io, sposare*) un giornalista francese. ....
(*noi, andare*) a vivere a Strasburgo e lì .... (*noi, comprare*) una casa. Nel 1997 .... (*nascere*) nostra figlia Marcella.

8 **Qual è il corrispondente maschile? Abbinate.**

1.	la madre			
2.	la moglie	a)	il figlio
3.	la figlia	b)	il nipote
4.	la sorella	c)	l'amico
5.	la cognata	d)	il padre
6.	la nipote	e)	il ragazzo
7.	l'amica	f)	il cognato
8.	la ragazza	g)	il marito
		h)	il fratello

9 Cosa hanno fatto oggi gli abitanti di via Canonica? Completate le frasi.

1. Angela e Bruno .... (*dormire*) fino a tardi.

2. Mario .... (*ascoltare*) musica e .... (*leggere*) il giornale.

3. Paola .... (*essere*) tutto il giorno in giardino a telefonare.

4. La signora Pollini .... (*lavorare*) al computer fino al pomeriggio, suo marito .... (*uscire*) con i bambini.

5. Il signore e la signora Bonin .... (*mettere*) in ordine il soggiorno e .... (*andare*) in montagna.

6. Agnese e Rosanna .... (*andare*) in piscina.

10 Pallina, la gatta di Agnese e Rosanna, è rimasta a casa. Durante la giornata le sono passati per la testa certi pensieri ... Coniugate i verbi indicati tra parentesi al *passato prossimo*.

Guardate come .... (*lasciare*) la casa le mie padroncine! ....

(*fare*) colazione e poi .... (*andare*) via: non .... (*lavare*) le tazze

e i bicchieri, non .... (*mettere*) a posto le loro cose e ora sul mio divano ci sono

bikini, giornali e altro, ... (*mettere*) un po' di latte nella mia tazza e via. Che

faccio adesso? Nella camera di Agnese .... (*trovare*) un gomitolo così ....

.... (*giocare*) un po'. Che noia, però! Ma quando tornano?

È quasi mezzanotte e Agnese e Rosanna non .... ancora .... (*tornare*). Io

ora vado a dormire …

11 Completate l'albero genealogico e le frasi con i nomi di parentela preceduti dall'aggettivo possessivo:

nonno ◆ zio ◆ nipote ◆ figlia ◆ cognata ◆ fratello ◆ cugina ◆ nonna ◆ figlia (2x) ◆ fratello (2x)

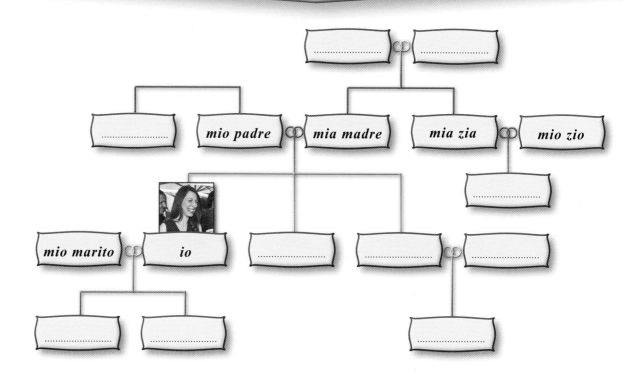

1. Cecilia è la figlia di mio fratello. Cecilia è ....
2. Mario è il padre di mia madre. Mario è ....
3. Francesca è la figlia di mia zia. Francesca è ....
4. Luigi è il fratello di mio padre. Luigi è ....
5. Gigina è la mamma di mia zia. Gigina è ....
6. Andrea e Lorenzo sono i figli di mia madre. Andrea e Lorenzo sono ....
7. Io sono la madre di Marcella e Giulia. Marcella e Giulia sono ....
8. Rosamaria è la moglie di mio fratello. Rosamaria è ....

12 Volgete i sostantivi singolari al plurale e viceversa.

1. il mio insegnante .... 7. la nostra famiglia ....
2. le mie attività .... 8. i nostri appuntamenti ....
3. la tua sciarpa .... 9. il vostro parente ....
4. i tuoi nipoti .... 10. le vostre camere ....
5. il suo compleanno .... 11. i loro orari ....
6. le sue canzoni .... 12. la loro amica ....

13 Completate con gli aggettivi possessivi.

1. ● Raffaele, dove lavorano .... genitori?

   ○ .... madre lavora in un negozio, ... padre lavora in una banca.

2. ● Chiara, dove abitano .... sorelle?

   ○ .... sorella Marianna abita a Roma e .... sorella Irene abita a Milano con

   .... genitori.

3. ● Giorgio, quando arrivano .... colleghi?

   ○ .... collega Angela arriva nel pomeriggio, ... collega Antonio è già arrivato.

4. ● Rosario, viene alla festa anche .... figlia Donatella?

   ○ Sì, Donatella viene, e vengono anche .... marito e .... figlia.

5. ● Pronto?

   ○ Ciao, Antonia, posso parlare con .... madre?

   ● Mi dispiace, non c'è. È uscita con .... amici.

14 Trovate nel diagramma i nomi delle seguenti feste:

Carnevale ◆ Natale ◆ Pasqua ◆ Capodanno ◆ Matrimonio ◆ Compleanno ◆ Battesimo

C	O	R	T	E	V	O	L	L	E	R	A
A	T	U	N	A	T	A	L	E	T	U	I
R	E	B	A	T	T	E	S	I	M	O	L
N	C	A	U	M	N	P	A	S	Q	U	A
E	A	L	U	A	O	P	R	S	E	D	O
V	P	M	A	T	L	W	U	J	U	E	B
A	O	Q	E	R	R	I	P	O	L	M
L	D	A	V	I	I	V	V	Y	B	N	N
E	A	C	O	M	P	L	E	A	N	N	O
F	N	G	H	O	O	K	T	Z	U	I	S
A	N	N	A	N	Z	I	O	N	A	T	A
C	O	N	P	I	U	C	H	I	A	M	U
A	S	D	F	O	O	G	H	J	K	L	M

ITALIA & ITALIANI

Attenti ... ai confetti!

In Italia, i *confetti* sono delle caramelle ripiene di mandorle, o cioccolato, ricoperte di glassa di zucchero che si regalano in occasione di festività particolari. Al battesimo sono rosa o azzurri, a seconda che il bambino sia maschio o femmina. Alla Prima Comunione, alla Cresima e al matrimonio sono bianchi, alle nozze d'argento argentati e alle nozze d'oro, ovviamente dorati! E di colore rosso alla sospirata laurea.

Cosa direste in queste occasioni? Avete due possibilità per ogni biglietto d'auguri.

Tanti auguri di buon compleanno! ◆ Tanti auguri di Buon Natale! ◆ Buon Anno!
Felice Anno Nuovo! ◆ Buona Pasqua! ◆ Buone vacanze! ◆ Buon viaggio!
Tanti auguri di Buona Pasqua! ◆ Buon compleanno! ◆ Buon Natale!

1. È il compleanno di Monica.

2. È Capodanno.

Cara Monica,

....
.................................!

Spero di rivederti presto.
Un abbraccio da Roberta

Cari amici,

....
.................................!

A presto.
Silvana e Fabio

3. Manca poco a Natale.

4. Manca poco a Pasqua.

Cara Elisa.

....

e cari saluti.
Matilde
Saluti anche da Mauro

Caro Giovanni,

....
....

a te e famiglia!
Antonio

5. La famiglia Rossi andrà in vacanza per molto tempo.

Carissimi,

....
....

Saluti e tante belle cose.
Andrea e Carla

ITALIA & ITALIANI

Saluti e auguri

Quando qualcuno ci saluta, si risponde
di solito con lo stesso saluto o con uno
diverso:
● *Ciao!*
○ *Ciao!* oppure
● *Buonasera!*
○ *Arrivederci!*
Agli auguri si risponde
Anche a te! o semplicemente con *Grazie*:
● *Buon fine settimana!*
○ *Anche a te!* oppure
● *Buon compleanno!*
○ *Grazie.*

edizioni Edilingua

16 **Tiziana e Anna parlano del loro fine settimana.**

Anna è stata ad Arezzo alla Mostra dell'antiquariato. È venuto anche Gianni. Sono andati in treno e dopo la mostra hanno fatto una passeggiata in centro e hanno cercato un ristorante.

● Ciao, Anna, che cosa hai fatto di bello ieri?

○ ....
....
....
....
....
....

Infatti, i due amici hanno anche perso il treno delle 21:10, così sono arrivati a casa solo a mezzanotte. Anna chiede a Tiziana che cosa ha fatto lei.

● Allora avete passato tutta la giornata là ...

○ ....
....
....
....
....
....

● Beh, niente di speciale. La mattina ho dormito fino a tardi e poi è venuta Monica.

Anna domanda se non sono mai uscite di casa.

○ ....

● Sì, alle sei siamo andate nel parco a fare un po' di jogging.

Anna si congratula per l'attività sportiva delle due amiche e poi si scusa dicendo che deve andare in posta altrimenti chiude.

○ ....
....
....

1 **Completate la lettera con gli ausiliari corretti e inserite la desinenza del participio passato.**

Ciao Gianna! Ieri .... andat.... a Lucca. Appena .... arrivat.... .... andat....
subito al Punto Informazioni Turistiche vicino a Piazza S. Maria. Dopo .... visitat.... la
Chiesa di S.Michele, la Torre delle Ore e poi la Torre Guinigi. Verso mezzogiorno ....
cominciat.... ad avere fame, perciò .... entrat.... in un bar di Piazza dell'Anfiteatro:
.... mangiat.... dei cannelloni al sugo e una pizzetta. Dopo pranzo .... andat.... all'Orto
Botanico e lì sai chi .... incontrat.... ? Maria ed Enrico! Sì, proprio loro. Non ti dico la
sorpresa. Tutti insieme .... camminat.... e parlat.... per più di tre ore. Il mio treno ....
partit.... alle sei e mezzo e .... tornat.... a casa all'ora di cena. Comunque, stanchezza a
parte, ... passat.... proprio una bella giornata!
E tu cosa .... fatt.... questo fine settimana?
Ciao e a presto ☺
Manuela

2 **Leggete il testo e collegate le preposizioni di sinistra con quelle dell'articolo come nell'esempio.**

| da |
| a |
| in |
| di |

La CARTA ATELIER

La carta è in vendita nelle sale fiorentine Atelier
(Alfieri, bisala Fiorella, bisala Flora e Goldoni). È valida
dall'acquisto al 31 dicembre e costa 70 euro.

Con la CARTA ATELIER

- Al cinema nelle sale Atelier di Firenze tutti i giorni a tutte
le ore (festivi compresi) con 4 euro
- Ogni settimana inviti per anteprime, eventi, serate speciali,
incontri con i protagonisti del cinema, italiano ed europeo
- Biglietti scontati nelle arene estive Atelier
- Ogni settimana calendario degli appuntamenti

INFO: L'ATELIER – VIA FIUME, 20 – FIRENZE
TEL. 055/213169 – FAX 055/282442
SITO: www.ateliergroup.it
EMAIL: promotion@ateliergroup.it

3 Osservate il disegno e completate il testo
con le preposizioni appropriate.

C'È RISTORANTE
E RISTORANTE

RISTORANTE
"DEGLI ARTISTI"
ANTICHE RICETTE FRESCHI SAPORI

Il Ristorante *Degli Artisti* si trova .... centro storico di Borgo San Lorenzo, ... Piazza
Romagnoli 1. Nel centro storico .... Borgo San Lorenzo ci sono cinque parcheggi: uno di fronte
.... biblioteca, uno in Piazza Gramsci, uno vicino .... Carabinieri, uno .... Piazzale Curtatone
e Montanara e uno in Piazza .... Mercato.

Da Piazza Gramsci vai sempre avanti, poi giri .... destra e lì c'è il ristorante.

Dal parcheggio di fronte .... biblioteca, giri .... sinistra e sei nel Corso Matteotti, attraversi la
Torre .... Orologio, continui dritto e ti trovi proprio di fronte .... ristorante.

Dal parcheggio vicino .... Carabinieri vai sempre dritto e lì, ... destra, c'è il ristorante.

Il parcheggio del Piazzale Curtatone e Montanara è molto vicino .... ristorante.

Dal parcheggio .... Piazza del Mercato vai sempre dritto e poi giri .... sinistra; ti trovi nel Piazzale
Curtatone e Montanara, vai ancora dritto e, ... sinistra, c'è il ristorante.

4 Collegate gli elementi della colonna di sinistra con quelli di destra per formare delle frasi.

1.	Mario ieri
2.	Sabato mia sorella
3.	Peter l'estate scorsa
4.	Due anni fa
5.	Ragazzi, giovedì

a)	ha frequentato un corso di italiano.
b)	siete stati alla festa di Giulia?
c)	ho visitato Parigi.
d)	è andato al cinema.
e)	è tornata da Roma.

5 Siete a Lucca. Oggi è una bella domenica di dicembre e vi piacerebbe visitare la Chiesa di San Frediano, il Museo Casa Natale di Giacomo Puccini e l'Orto Botanico. Osservate queste pagine di Internet, fate attenzione agli orari di apertura e rispondete *sì* o *no* alle frasi in fondo alla pagina.

Museo Casa Natale
di Giacomo Puccini
Tel. 0583 584028

Orari:
16 novembre – 28 febbraio:
11 – 13

1° marzo – 15 giugno:
10 – 13 e 15 – 18

16 giugno – 15 settembre:
10 – 18

16 settembre – 15 novembre:
10 – 13 e 15 – 18

chiuso il lunedì

Chiesa di S. Frediano
Piazza S. Frediano

Apertura:
lunedì – sabato
7:30 – 12/15 – 18
festivo 9 – 13/15 – 18.

Nell'orario di apertura non è permessa la visita turistica durante lo svolgimento delle funzioni religiose.

Orto Botanico

Orto Botanico
Via del Giardino Botanico, 14
55100 Lucca

Orario di apertura:

1° aprile – 30 aprile	10:30 – 13:00; 15:00 – 19:00
1° maggio – 30 giugno	10:00 – 13:30; 14:30 – 19:00
1° settembre – 30 settembre	10:00 – 13:00; 15:00 – 18:00
1° ottobre – 31 ottobre	10:00 – 13:00; 15:00 – 17:00
1° novembre – 31 marzo	aperto solo su prenotazione da lunedì a venerdì in orario 9:30 – 12:30 escluso i festivi

Per le prenotazioni:
telefonare allo 0583-442160 o allo 0583-48785
oppure inviare un fax allo 0583-4421661
oppure inviare una e-mail all'indirizzo ortobotanico@lunet.it

	sì	no
1. La Chiesa di San Frediano chiude ogni giorno alle 18.	☐	☐
2. Alle 11 c'è la Messa ma puoi visitare comunque la chiesa.	☐	☐
3. Il Museo Casa Natale di Giacomo Puccini è aperto ogni giorno.	☐	☐
4. Anche oggi puoi visitare il Museo Casa Natale di Giacomo Puccini.	☐	☐
5. L'Orto Botanico è aperto tutto l'anno.	☐	☐
6. L'Orto Botanico ha un indirizzo di posta elettronica.	☐	☐

edizioni Edilingua

6 Leggete i sei messaggi di auguri e scrivete a quale di queste festività corrispondono:

... i Tuoi messaggi

1 Luciano e Margherita, oggi ... sposi, nel freddo inverno, ma partiranno per un caldissimo ... viaggio di nozze! Un augurio specialissimo dai genitori e dalla nonna Assunta.

2 Tanti auguri a Daria che il 14 gennaio ha festeggiato i suoi grandi 13 anni. Con un grosso bacione Alessia e Sara.

3 Nonna Milena ha festeggiato i suoi primi 100 anni lunedì 6 gennaio. Tanti auguri da figlie, nipoti, bisnipoti e parenti tutti.

4 Ai nostri nonni: Tanti cari auguri per il vostro cinquantesimo anniversario di matrimonio!! Vi vogliamo bene. I vostri nipoti Silvia, Mauro, Cecilia e Marianna.

5 Il 22 gennaio 2005 rispettivamente a Molezzano e a Vicchio, compiono gli anni Franco Berti e Andrea Parigi. Auguroni da Rossana, Sandra, dalle famiglie, parenti e amici tutti.

6 Il 17 dicembre scorso è nata Matilde Burrini, attesa con gioia dal fratello Andrea e dai genitori Daniela e Leonardo. I nonni Margherita e Leandro, Maria e Antonio augurano ogni bene possibile a tutta la famiglia.

nascita
compleanno
matrimonio
nozze d'oro

1. ....
2. ....
3. ....
4. ....
5. ....
6. ....

7 Siete in Toscana e volete fare diverse cose. Cercate l'offerta adeguata a ciascuna delle seguenti attività.

Voi vi trovate in Toscana e volete:

- [ ] andare a un concerto di musica classica.
- [ ] andare a vedere uno spettacolo teatrale a Pisa.
- [ ] andare a vedere una mostra fotografica.
- [ ] fare un corso di cucina italiana.

1 Al teatro Rossini di Pontasserchio (Pisa, ore 21.00) arriva stasera Valerio Mastandrea con il suo «Barbara». Con lui sul palco Fabio Ferri e Rolando Ravelli, mentre la regia è di Angelo Orlando.

2 Parte a Siena la rassegna culinaria «Girogustando»: da oggi al 26 marzo, ogni mercoledì, un ristorante senese ospiterà un cuoco proveniente da qualche altra parte d'Italia, proponendo menu speciali. Stasera l'appuntamento è al Casamia. Informazioni allo 0577–252237.

3 All'Eskimo di Firenze (via de' Canacci, ore 21.30) classici pop e soul con Chiara Franceschi e Marco Morandi.

4 Al Centro per l'Arte Contemporanea Luigi Pecci di Prato si tiene la mostra «Decoupages. Tre fotografe europee» (inaugurazione il 31 gennaio nella Sala della Grafica ore 18.00, orario: da lunedì a venerdì ore 10.00–19.00, ingresso gratuito).

5 Alle 21.00 al Teatro dei Rozzi di Siena si terrà il concerto del violinista Gil Shaham e del chitarrista Goran Soellscher, nell'ambito della stagione «Micat in vertice» organizzata dall'Accademia Chigiana. In programma musiche di Bach, Schubert, Paganini e Piazzolla.

6 Alla galleria Falteri (via della Spada 38/r) sono esposte, fino al 28 febbraio, una cinquantina di opere di quello che è a tutt'oggi uno dei più importanti incisori europei. Nato nel '41 a Bordeaux, dove vive e lavora, Mohlitz ha ridato una seconda spettacolare giovinezza all'arte dell'incisione, resuscitando sulla carta l'immateriale luminosità di Durer e proiettandovi i chiaroscuri taglienti di un'inquietudine contemporanea.

7 Corsi di cucina generale (8 lezioni), alta cucina (9 lezioni) e pasticceria (6 lezioni) e corsi più brevi di cucina italiana e toscana antica, menu Natale/Pasqua, cucina estiva, cucina veloce. Lezioni pratiche in orario 15.00–18.00/20.00–23.00 una volta alla settimana o in giorni consecutivi. Cordon Bleu, via di Mezzo, 55 tel. 055–2345468.

8 Al teatro Solvay di Rosignano (Livorno, ore 21.30) va in scena oggi «Il mercante di Venezia», diretto da Elena Bucci, Stefano Randisi, Marco Sgrosso e Enzo Vetrano.

Li vuole provare?

1 Per il corso di italiano di Laura ci sono cinque iscrizioni. Ma, alla prima lezione, arrivano sei partecipanti: chi non è ancora compreso nell'elenco degli iscritti?

1. Ha la maglietta bianca, i pantaloni neri e l'orologio. Chi è?
2. Ha il maglione a righe, la gonna nera e gli stivali di pelle. Chi è?
3. Ha la camicia in tinta unita, la cravatta, la cintura di pelle. Chi è?
4. Ha il vestito di cotone a fiori e un foulard in tinta unita. Chi è?
5. Ha il completo, gonna e giacca a quadri, elegante e la borsa. Chi è?

2 Con le sillabe date possiamo scrivere 10 nomi di indumenti. Voi, quanti indumenti riuscite a trovare?

ma ◆ to ◆ vat ◆ sti ◆ bi ◆ mi ◆ va ◆ ra ◆ cin ◆ ta

ple ◆ glio ◆ ve ◆ cra ◆ cet ◆ com ◆ gliet ◆ ne ◆ sti

pa ◆ to ◆ ma ◆ a ◆ ca ◆ tu ◆ li ◆ ta ◆ to ◆ ta ◆ sciar

....

....

....

....

....

3 **Oggi Allegra ha ricevuto il suo primo stipendio e va a fare shopping. Completate il testo con le parole raffigurate dai disegni e con l'articolo indeterminativo corrispondente. Aggiungete, infine, la desinenza dell'aggettivo.**

Che bello: oggi vado a fare spese in centro!

Voglio comprarmi .... ross...., ...

sportiv.... di color azzurr...., ... ner.... elegant....,

.... classic...., ... marron.... di pelle,

.... di Laura Biagiotti e .... di Giorgia.

Per Michele voglio comprare .... marron....,

.... bianc.... di cotone e un paio di

.... comod.....

ITALIA & ITALIANI

Sfumature di colori

giallo oro ....
rosa confetto ....
rosso ciliegia ....
rosso chiaro ....
verde oliva ....
verde smeraldo ....
verde bottiglia ....
grigio perla ....
grigio fumo ....

4 **Completate le frasi con gli aggettivi dati. Attenzione alle desinenze.**

Daniela:

Mi piacciono le magliette ....

i jeans ...., gli orologi ....

e le gonne .... Non mi piacciono

le borse ....

corto

stretto, sportivo

lungo

classico

Luca:

Mi piacciono i maglioni ....,

le camicie .... e gli abiti ....

Non mi piacciono i pantaloni ....

nero

azzurro, elegante

largo

Anna:

Mi piacciono gli stivali ...., le borse

.... e gli abiti ....

alto

grande, comodo

5 **Come possiamo abbinare tra loro i seguenti elementi?
Scrivete tutte le combinazioni possibili.**

borsa cravatta sciarpa maglietta giacca costume asciugamano	di a in da	tinta unita pelle, paglia spiaggia fiori, righe, quadri cotone, seta, lino, lana bagno

borsa ....

cravatta ....

sciarpa ....

maglietta ....

giacca ....

costume ....

asciugamano ....

6 **Scegliete la battuta corretta per completare i seguenti brevi dialoghi.**

1. Mi fa vedere anche una maglietta bianca?
a) Sì, certo ... ecco.
b) Mah, non sono molto convinta.

2. Che belli gli stivali neri!
a) È vero, sono molto eleganti.
b) Sì, vanno bene proprio così.

3. Vuole provare questi pantaloni?
a) No, non mi piacciono.
b) Sì, signora, non c'è problema.

4. Vorrei provare la maglietta viola che è in vetrina.
a) Questa le piace?
b) Che taglia porta?

5. Non è un po' stretta questa camicia?
a) Altro?
b) Questo è il modello, signora.

6. Signora, allora prende la giacca?
a) Dice?
b) No, no, è troppo cara.

7. Quanto costa il maglione nero?
a) 100 euro.
b) Questo le piace?

7 **Inserite le forme verbali richieste al presente.**

1. (tu) dire: ....

2. (noi) volere: ....

3. (io) volere: ....

4. (loro) dire: ....

5. (lui) dire: ....

6. (voi) volere: ....

7. (Lei) volere: ....

8. (noi) dire: ....

9. (io) dire: ....

10. (loro) volere: ....

edizioni Edilingua

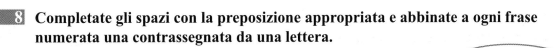

8 **Completate gli spazi con la preposizione appropriata e abbinate a ogni frase numerata una contrassegnata da una lettera.**

1. Bella questa camicia! È .... seta?

2. Ti piacciono queste scarpe .... ginnastica?

3. Vorrei vedere un cappello .... spiaggia.

4. Non mi piace la giacca .... tinta unita. C'è anche .... quadri?

5. Vorrei due chili .... pomodori e della frutta .... stagione.

6. Cerco un negozio .... scarpe.

7. Cosa prendi .... secondo?

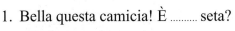

a) No, mi dispiace. C'è solo .... righe.

b) No, è .... cotone.

c) I pomodori: .... insalata o maturi?

d) Io preferisco queste scarpe nere .... pelle.

e) Lo vuole .... stoffa o .... paglia?

f) Il coniglio .... umido e .... bere un succo .... frutta.

g) È subito qui .... destra.

1__, 2__, 3__, 4__, 5__, 6__, 7__

9 **Formate delle frasi con i seguenti elementi.**

1. volete ◆ stasera? ◆ Eugenio ◆ al ◆ andare ◆ cinema ◆ con

....

2. dice ◆ Laura ◆ suo ◆ che ◆ è ◆ nonno ◆ argentino

....

3. vuole ◆ signora ◆ De Bortoli ◆ il ◆ la ◆ provare ◆ completo pantaloni

....

4. vogliono ◆ Franco ◆ Giovanna ◆ e ◆ vedere ◆ maglietta ◆ beige ◆ la

....

5. dico ◆ che ◆ io ◆ il ◆ troppo ◆ corto ◆ vestito ◆ è

....

6. cambiare ◆ maglione ◆ il ◆ perché ◆ un po' ◆ voglio ◆ è ◆ stretto

....

7. dite ◆ perché ◆ la ◆ non ◆ verità?

....

8. vogliamo ◆ in ◆ per ◆ italiano ◆ Italia ◆ andare ◆ imparare ◆ l'

....

10 Entrate in un negozio di abbigliamento.
Completate il dialogo.

> *Salutate, dite che volete vedere la gonna nera che è in vetrina e chiedete se potete provarla.*

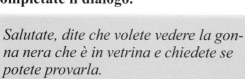

● ....

 ....

 ....

○ Certo, signora, che taglia ha?

> *In Italia la vostra taglia è la 44.*

● ....

○ Mi dispiace, ma la 44 c'è solo in blu.

> *Dite che preferite il colore nero.*

● ....

 ....

○ Allora se vuole provare la 42 ...

> *Rispondete che la provate.*

● ....

○ Come va la gonna?

> *Dite che vi va bene e che vi piace, ma che è un po' troppo lunga. Chiedete alla commessa se si può accorciare un pochino.*

● ....

 ....

 ....

 ....

○ Sì, signora, non c'è problema.

> *Dite che allora la prendete. Chiedete infine alla commessa se vi fa vedere una camicetta bianca.*

● ....

 ....

 ....

○ Come no, questa Le piace?

> *Trovate la camicetta molto carina e chiedete quanto costa.*

● ....

 ....

○ 200 euro.

> *Dite che è troppo cara e ringraziate.*

● ....

 ....

edizioni Edilingua

11 **Articolo o pronome? Sottolineate i pronomi diretti nelle seguenti frasi.**

1. Carina la giacca nera, la vorrei provare. Ho la taglia 44.

2. Le scarpe sono un po' piccole. Le vorrei provare in un numero più grande.

3. Il completo in tinta unita non mi piace. Lo posso cambiare?

4. I pomodori li voglio da insalata, l'uva ... matura, i funghi li voglio freschi e i peperoni ... gialli.

5. Come vuole l'olio? Lo vuole extravergine?

6. Le mele sono buonissime, le vuole provare?

7. Sono buone le seppie? Le vorrei fare in umido.

8. Lo zucchero è finito, lo devo comprare.

12 **Leggete il testo e completatelo con le parole date.**

> arredamento ◆ moda ◆ shopping (2x) ◆ salumeria ◆ bancarelle
> ◆ abbigliamento ◆ prosciutto ◆ enoteca ◆ botteghe ◆ panificio
> ◆ liquori ◆ verdura ◆ scarpe ◆ pane ◆ dolci ◆ pesce

A Bologna il «paradiso dello ....» è all'ombra delle Due Torri, dove in pochi metri potete trovare di tutto: dalla .... ai gioielli, dalle delikatessen gastronomiche all'......................... Il punto di riferimento per la moda griffata è la Galleria Cavour con i suoi bellissimi negozi d'...................... e di .... Ma l'area dello .... più caratteristica è quella dell'antico Mercato di Mezzo, vicino a piazza Maggiore. Qui ci sono le .... di frutta e ...., il mercato del .... e le .... storiche come l'*Antica Salsamenteria dei Fratelli Tamburini*, la .... aperta nel 1880, con gli squisiti salumi emiliani, dal .... alla mortadella. Lì accanto c'è *Paolo Atti & Figli*, il .... –pasticceria che da 122 anni è sinonimo di buon ...., pasta fresca e .... di gran qualità, e infine l'...................... *Gilberto*, dal 1920 punto di riferimento per gli acquisti di vino e .... di pregio.

13 Leggete l'annuncio e completate le frasi.

DA GIANNI
FRUTTA E VERDURA
SEMPRE FRESCHE

Non è un centro commerciale, non è un supermercato: è un nuovo negozio di frutta e verdura in piazza Maggiore a Bologna, dove potete trovare di tutto.
Gianni Poletti offre pomodori da insalata e maturi, arance siciliane, peperoni gialli, rossi e verdi, uva di prima qualità, funghi anche porcini, radicchio di Treviso e insalata verde, fagioli, patate e spinaci.
E poi ... tutto l'anno primizie.

Il negozio fa orario continuato, ma attenzione:
in agosto il negozio è chiuso.

Cosa aspettate? Andiamo e proviamo!

1. Il negozio è in ....

2. I clienti possono comprare ....

3. Tutto l'anno i clienti trovano ....

4. Il negozio chiude in ....

14 Abbinate il termine di quantità al corrispondente prodotto.

1.	due chili	a)	di prosciutto	
2.	tre etti	b)	di pomodori pelati	
3.	un mazzetto	c)	di pesto	
4.	una scatola	d)	di latte	
5.	una lattina	e)	di prosecco	
6.	un vasetto	f)	di patate	
7.	una bottiglia	g)	di birra	
8.	un litro	h)	di basilico	

ITALIA & ITALIANI

Prodotti agroalimentari italiani

Asti	spumante
Bolzano	frutta, vino
Firenze	vino, olio d'oliva
Imperia	fiori, olio d'oliva
Modena	aceto balsamico
Napoli	pasta, frutta secca
Parma	pasta, prosciutto e salumi vari, formaggio
Salerno	conserva di pomodor
Vercelli	riso
Verona	vino, frutta, carne

60

15 Allegra ha degli ospiti a cena e va a fare la spesa. Completate la lista della spesa con i seguenti termini di quantità.

un vasetto

un litro

una bottiglia

un mazzetto

un chilo

tre etti

un pacco

una scatola

una lattina

Devo comprare ...

.... di pane integrale
.... di latte intero
.... di vino bianco
.... di biscotti
.... di mortadella
.... di prezzemolo
.... di aranciata
.... di cioccolatini
.... di marmellata

16 Completate con gli articoli partitivi e segnate in basso in quale tipo di negozio si trovano le persone nominate.

1. La signora Palmeri vuole .... mele, sua sorella .... zucchini e io .... fagioli.

2. Vittorio e Miriam vogliono .... pasta fresca, Anna .... pane e io .... dolci.

3. Noi prendiamo .... prosciutto, Franco .... mortadella e loro .... salumi misti.

4. Il signor Saviani vuole .... trote, la signora Rosati .... pesce spada e io .... calamari.

5. Noi prendiamo .... tagliatelle, il bambino .... ravioli e lei .... gnocchetti.

6. Tiziana vuolc .... agnello, Lorenzo .... bistecche di maiale e io .... coniglio.

7. Corrado compra .... acqua minerale, Valerio .... zucchero e .... caffè e io .... shampoo, ... giornali e .... biscotti.

Negozio

1. ....
2. ....
3. ....
4. ....
5. ....
6. ....
7. ....

Attenzione:
50 grammi di... o mezzo etto di...
100 grammi di... o un etto di...
150 grammi di... o un etto e mezzo di...
200 grammi di... o due etti di...
500 grammi di... o mezzo chilo di...
non *mezzo anno,* **ma** *sei mesi*

UNITÀ 11

Cosa fate in vacanza?

1 **Scegliete la preposizione corretta.**

1. Quest'estate Simona va in Toscana / a Toscana .

2. Passiamo le vacanze sul Lazio / nel Lazio .

3. Vado nella Croazia / in Croazia .

4. Stefano e Antonella vogliono andare a Sardegna / in Sardegna .

5. La famiglia Schmidt è stata a Procida / in Procida .

6. Vorrei andare sulle Alpi / alle Alpi .

7. In agosto passi le vacanze nel lago Maggiore / sul lago Maggiore ?

8. Il signore e la signora Valli vanno a San Gimignano / in San Gimignano .

2 **Completate le seguenti frasi con le preposizioni e indicate se l'affermazione è vera o falsa.**

	vero	falso
1. Le Dolomiti sono .... Trentino.	☐	☐
2. .... Puglia c'è il mare.	☐	☐
3. Il ventisei luglio .... Ischia c'è la Festa di Sant'Anna.	☐	☐
4. La Festa dei Ceri si svolge .... Venezia.	☐	☐
5. .... Pompei ci sono interessanti siti archeologici.	☐	☐
6. Il Vesuvio è .... Italia.	☐	☐
7. .... Alpi non ci sono laghi.	☐	☐

3 **Qual è il contrario di ...?**

1. partenza	....	9. prossimo	....
2. divertirsi	....	10. inverno	....
3. tardi	....	11. lungo	....
4. andare	....	12. tranquillo	....
5. freddo	....	13. mare	....
6. bello	....	14. troppo	....
7. tutto	....	15. stressante	....
8. sole	....	16. interessante	....

4 Abbinate le parole date all'immagine corrispondente.

ombrellone ◆ sentiero ◆ prendere il sole ◆ traghetto ◆ fare escursioni a piedi

paracadutismo ◆ spiaggia ◆ lungomare ◆ barca a vela ◆ camminare ◆ funghi

aria fresca ◆ nevicare ◆ pineta ◆ fare il windsurf ◆ maso

5 Completate con le forme mancanti del verbo *svegliarsi*.

mi .... ci ....

ti .... vi ....

si .... si ....

sveglia   svegliamo

svegliano   svegli

svegliate   sveglio

6 Che tipo di vacanze fanno queste persone? Scopritelo dopo aver completato i brevi testi dati.

vacanza rilassante ☐

vacanza sportiva ☐

vacanza culturale ☐

vacanza studio ☐

1. Fabrizio .... (*annoiarsi*) a stare sotto l'ombrellone. Non .... (*divertirsi*) a leggere o a girare per i negozi. Invece .... (*dedicarsi*) allo sport: va in barca a vela.

2. Alessandra e Angelo quest'estate sono in Irlanda. La mattina .... (*alzarsi*) presto e frequentano un corso di inglese. Non .... (*lamentarsi*) perché piove spesso, anzi .... (*rilassarsi*) nel verde della natura e studiano meglio. La sera .... (*godersi*) l'atmosfera del pub e .... (*divertirsi*) con gli altri studenti.

3. Franca ed io siamo in un maso del Trentino con i nostri figli. La mattina facciamo colazione fuori e .... (*godersi*) il bellissimo panorama. Poi Franca fa una passeggiata ed io leggo, i bambini non .... (*annoiarsi*) perché .... (*divertirsi*) con altri bambini, così tutti noi .... (*rilassarsi*).

4. Voi amate i viaggi organizzati nelle città d'arte e non .... (*annoiarsi*) a visitare i musei e i siti archeologici. .... (*divertirsi*) anche a conoscere la mentalità della gente.

7 Separate le singole parole e leggete le frasi.

1. Ininvernononmialzomaipresto.
2. Ladomenicamiafiglianonfanientedispeciale.
3. Nonfacciomaiviaggiorganizzati.
4. Lemieamichesifermanosempreaguardarelevetrine.
5. Lafestanonsisvolgemaisulmare.
6. Questaestatenonabbiamoprenotatoniente.

8 Completate con le lettere mancanti e rispondete alle domande.

Trenta giorni ha n ___ e ___ re
con ___ le, g ___ u ___ o e se ___ e
di ventotto ce n'è uno,
tutti gli altri ne hanno trentuno.

Quale mese ha ventotto giorni?
....

Quali sono i mesi che hanno trentun giorni?
....

Come si chiamano le stagioni?

....

9 Anche Allegra ha le sue abitudini, preferenze e antipatie.
Scrivete delle frasi come nell'esempio.

Fare jogging prima di cena? (sempre)   *Faccio sempre jogging prima di cena.*

1. Le vacanze nel mese di agosto? (mai)   ....
2. Telefonare agli amici la domenica? (sempre)   ....
3. Andare a passeggiare sotto la pioggia? (a volte)   ....
4. Giocare a tennis? (mai)   ....
5. Svegliarmi presto? (a volte)   ....
6. Cucinare un buon piatto di spaghetti? (a volte)   ....
7. Andare a dormire tardi? (sempre)   ....
8. Leggere il giornale a colazione? (sempre)   ....
9. Lamentarmi della mia vita? (mai)   ....

edizioni Edilingua

10 Abbinate le seguenti feste alla data corrispondente.

1.	Natale	a)	il primo maggio
2.	Capodanno	b)	l'8 marzo
3.	Ferragosto	c)	il 14 febbraio
4.	Santo Stefano	d)	il 26 dicembre
5.	Festa dei Lavoratori	e)	il 6 gennaio
6.	Festa della Donna	f)	il primo gennaio
7.	Epifania	g)	il 2 giugno
8.	San Valentino	h)	il 25 dicembre
9.	Festa della Repubblica italiana	i)	il 15 agosto

11 Completate la tabella.

Aggettivo	Avverbio
....	urgentemente
tipico	....
....	privatamente
speciale	....
....	completamente
libero	....
....	faticosamente
antico	....
....	attivamente

ITALIA & ITALIANI

Abitudini italiane
Natale: le persone si scambiano i regali e gli auguri la mattina del 25 dicembre.
San Silvestro/Capodanno: si consiglia di indossare qualcosa di rosso perché porta fortuna. Le donne saranno più fortunate nel nuovo anno se ricevono i primi auguri di Capodanno da un uomo.
Epifania: nella notte tra il 5 e il 6 gennaio arriva la Befana. È una vecchietta che viaggiando su una scopa porta ai bambini bravi (e che hanno appeso la calza!) dolci e giocattoli.
Festa della donna: l'8 marzo è buona abitudine regalare alle donne un rametto di mimosa.
Festa del papà: in Italia si festeggia il 19 marzo, cioè il giorno di San Giuseppe.

12 Aggettivo o avverbio? Completate le seguenti frasi.

1. È un esercizio facil...............
2. In centro non trovo facil............... un parcheggio.
3. La signora Power parla perfett............... l'italiano.
4. Che lavoro perfett...............! Brava!
5. Non possiamo prenotare una camera: la pensione è complet................
6. Sei complet............... pazza!
7. Cultural............... Milano è una città interessante.
8. Amiamo le vacanze cultural...............
9. Puoi raggiungere Ischia comod............... con l'aliscafo o il traghetto.
10. Ho comprato una giacca comod............... per il tempo libero.

13 **Scegliete la risposta corretta.**

1. Quando sei arrivato a Berlino?
a) Una settimana fa.
b) Fra una settimana.

2. C'è il sole?
a) No, purtroppo piove tre giorni fa.
b) No, purtroppo piove da tre giorni.

3. Quando torni in Italia?
a) Fra due o tre giorni.
b) Da due o tre giorni.

4. Avete già inviato l'opuscolo?
a) Sì, fra due settimane.
b) Sì, due settimane fa.

5. Quando è la Festa di Sant'Anna?
a) Il ventisei luglio, da un mese.
b) Il ventisei luglio, fra un mese.

6. Marcella è a letto?
a) Sì, già da un'ora.
b) Sì, un'ora fa.

> ***Fra* e *tra***
> Fra *e* tra *hanno lo stesso significato, ma, per evitare la sovrapposizione di due consonanti uguali, si preferisce* fra *quando la parola che segue inizia per* t, *come ad esempio* fra tutti, *e* tra *quando la parola che segue inizia per* f, *ad esempio* tra fratelli.

14 **Un'amica vi chiede quali sono i vostri progetti per le vacanze. Completate il dialogo.**

Andate in campeggio in Umbria.

Partite fra due settimane.

Rispondete di sì, aggiungete che andate con un'amica.

Rispondete che avete una tenda e che avete prenotato una piazzola in un campeggio sul Lago Trasimeno.

Rispondete che in Umbria ci sono tante cose da vedere: tantissime città storiche, musei etruschi, un bel paesaggio e ... anche una cucina molto buona.

- Dove vai in vacanza?
○ ....

- Ah, che bello! E quando parti?
○ ....
....

- Vai in macchina?
○ ....
....

- Avete la tenda?
○ ....
....
....

- E cosa c'è da vedere da quelle parti?
○ ....
....
....

- Beata te! Non hai un posto in macchina anche per me?

15 **Completate le frasi in base ai simboli.**

1. Oggi ho il maglione di lana, ...

2. Oggi vado in spiaggia, ...

3. Oggi sto tutto il giorno all'ombra sotto l'ombrellone, ...

4. Oggi vado a sciare, ...

5. Oggi devo prendere l'ombrello, ...

6. Oggi faccio il windsurf, ...

16 **Numerate le frasi nell'ordine giusto e ricostruite la telefonata tra Rosi e Miriam.**

1	Pronto?
	Buona idea. Allora ci vediamo presto.
	Benissimo, Rosario ed io siamo tornati proprio adesso dalla spiaggia. Fa ancora caldo.
	Oh, mi dispiace. Perché non vieni a Palermo qualche giorno? Qui è ancora estate.
	Ciao Rosi, sono Miriam. Come stai?
	Perché da voi a Torino com'è il tempo?
	Beati voi!
	Qui è già autunno. Fa brutto tempo, piove da una settimana e oggi c'è anche un po' di nebbia.

17 **Cancellate dalla tabella i verbi all'infinito e leggete le parole restanti dall'alto verso il basso (colonna per colonna da sinistra verso destra) per scoprire un proverbio italiano.**

paese	fare	piovere	divertirsi
volere	che	dire	provare
andare	avere	dormire	che
venire	aprire	usanze	uscire
finire	vai	andare a trovare	trovi
potere	chattare	dovere	bere

1 **Leggete il testo e completate la tabella.**

Giallo sole per la tuta in nylon, sotto blouson con collo alto. Occhiali neri, guanti gialli.

Bianco latte e rosso fragola per il completo composto da giacca e da un paio di pantaloni in nylon per lei. Occhiali blu. Scarponi bianchi e blu.
Blu e giallo oro per la giacca imbottita e per i pantaloni in misto nylon per lui. Sotto un maglione a collo alto in cotone. Guanti neri di pelle.

SCIARE A MODO NOSTRO

Andare sulla neve è una bella scusa per comprare una giacca a vento o una tuta nuova e colorata. Per lei e per lui.

Rosa chiaro per la felpa in cotone. Berretto e sciarpa beige di lana. Jeans blu in cotone e guanti bianchi e blu di lana.

	indumento	colore	materiale
1.	la tuta	*gialla*	in ....
	gli	neri	
	i guanti	....	
2.	la felpa	....	in ....
	il berretto	....	di ....
	la	beige	di ....
	i	....	in cotone
3.	il completo	.... e rosso	in nylon
	gli occhiali	....	
	gli scarponi	....	
	la giacca	blu e	in misto nylon
	i	blu e gialli	....
	i	....	di pelle

edizioni Edilingua

2 **Trovate la parola intrusa, come nell'esempio.**

1. *Mezzi di trasporto:* aereo, traghetto, camper, autobus, macchina, aliscafo, ***agenzia di viaggio***
2. *Negozio specializzato:* pasticceria, macelleria, mercato, panificio, enoteca, pescheria, salumeria
3. *Città italiane:* Modena, Siena, Aosta, Cagliari, Verona, Toscana, Roma, Trieste
4. *Vacanze:* montagna, agriturismo, campagna, albergo, mare, farmacia, agenzia di viaggi, centro di salute e benessere, campeggio
5. *Mesi dell'anno:* estate, giugno, gennaio, aprile, dicembre, marzo, ottobre
6. *Tempo:* nevica, nebbia, fa caldo, stupendo, piove, fa freddo, sole, vento

3 **Completate il testo con il corretto pronome diretto.**

«Senti Carlo, mi dispiace, ma la spesa per la cena di stasera .... devi fare tu. Come primo voglio fare la pasta al pesto. La pasta e il pesto ci sono, compra invece un etto di pecorino, per favore vai da Corrado, il suo pecorino è eccezionale, lui .... compra direttamente dal pastore. Di secondo voglio fare una bella grigliata di pesce con insalata e pomodori di contorno. Prendi dei calamari e delle seppie fresche, se non .... trovi qui ai *Frutti di mare*, vai in centro, alla pescheria di via Verdi, lì .... trovi sicuramente. Poi vai in piazza Dante dal fruttivendolo e compra mezzo chilo di pomodori e un po' d'insalata. I pomodori però non .... voglio maturi, e l'insalata .... voglio fresca. Il pane invece .... compro io, durante la pausa-caffè faccio un salto in panetteria. Ah, ancora una cosa, puoi passare dall'enoteca? ... Beh, se hai poco tempo, il vino bianco .... compro io quando esco dall'ufficio. La frutta non .... devi comprare perché abbiamo ancora mele, arance e dell'uva. Allora tesoro, hai scritto tutto?»

4 **Leggete il testo, sottolineate le preposizioni articolate e completate la tabella in basso.**

IL TEMPO IN ITALIA

Il tempo oggi: molte nuvole su medio Adriatico e al Sud, con nevicate fino a quote basse sul Gargano e sui rilievi di Abruzzo, Molise, Campania e Lucania. Un po' di nuvole sul resto del Centro e in Val Padana, bello sulle Alpi.
Temperature: massime in lieve rialzo al Nord.
Venti: Bora sull'Adriatico.
Mari: poco mossi o mossi.

Il tempo domani: poche nuvole sulle regioni del versante tirrenico, nuvoloso o molto nuvoloso sul resto d'Italia ma senza piogge o nevicate. In serata deciso miglioramento sulle regioni settentrionali. Gelate al mattino al Centronord.
Temperature: stazionarie, con le massime quasi ovunque inferiori a 10° C.
Venti: per lo più deboli.

+	il	l'	i	la	le
a	....	all'	ai	alla	alle
su		....	....	sulla	....
di	....	dell'	dei	della	delle

5 Leggete i seguenti testi. Quale tra i quattro non parla di saldi?

1 Corsa agli acquisti dopo l'insuccesso delle vendite registrato a Natale. I saldi sono iniziati con le prime file davanti ai negozi ma è ancora presto per parlare di ripresa dei consumi.

2 La caccia all'affare è scattata in mattinata e le strade – soprattutto del centro – si sono riempite di romani alla ricerca dell'acquisto a saldo. La stagione dei saldi, cominciata ieri nella Capitale, si concluderà il 21 febbraio. E i romani hanno sfidato freddo e tramontana per non perdere le prime occasioni.

3 Il cliente deve diffidare degli sconti sulla merce in saldo che superano il cinquanta per cento. Deve anche controllare che la merce in vendita sia davvero di fine stagione e non avanzo di magazzino.

4 Ma come i futuri sposi possono essere sicuri che la loro scelta sia stata la migliore fra le tante proposte e le troppo facili lusinghe? Fino alla prossima domenica possono sicuramente contare sugli infiniti servizi che mette a disposizione per loro *TuttoSposi*, la prima Fiera in Italia per l'organizzazione di un ricevimento nuziale.

6 Leggete gli annunci sulle offerte di viaggio. Quale annuncio potete collegare a ogni frase?

1. Per Carnevale volete fare qualcosa di speciale.
2. Volete trascorrere le feste natalizie in una località di mare con la famiglia.
3. Amate la buona cucina e vi piacciono le manifestazioni culturali e artistiche.

Offerte di viaggio

LIGURIA
a Il calendario delle manifestazioni del mese di dicembre della città di Diano Marina, in provincia di Imperia (Liguria), è ricco di appuntamenti che animeranno le giornate del periodo natalizio e ci accompagneranno fino ai festeggiamenti per il Capodanno e l'Epifania con tante novità e con la possibilità per tutti di trascorrere in allegria qualche giorno al mare.

TRENTINO
b Nello Sport Hotel Panorama di Fai della Paganella si scia, ma chi non ama sciare può dedicarsi alla bellezza e al relax. Numerosi sono i trattamenti ma se questi non bastassero per riempire la giornata, ecco l'angolo bio relax alla scoperta delle erbe di montagna, dove vengono illustrati agli ospiti dell'albergo le virtù delle singole erbe. Prezzo per una settimana in pensione completa (Tel. 0461/583134).

TOSCANA
c Nella Fiera di S. Quirico, in Lunigiana (Toscana), si portano in processione le reliquie di San Quirico e la leggenda vuole che per antico prodigio le mosche non entrino in chiesa. Tel. 0187/477112 (Comune).

SICILIA
d In Sicilia, a partire dal 6 gennaio, 11 giorni con sistemazione a Marina di Patti e a Palermo in hotel 3 stelle – pensione completa – visita guidata di Palermo e Monreale, Segesta ed Erice – visita alle saline di Trapani (Tel. 0541/820111).

e Rimaniamo in Sicilia ad ammirare il carnevale di Acireale, presente da circa 350 anni e da più di 60 definito il più bello di questa terra. Nella grande kermesse troviamo gruppi mascherati, bande musicali, cortei folcloristici, serate danzanti oltre ai grotteschi carri allegorici in carta pesta e i carri infiorati frutto dell'arte dei maestri Acesi. Info: Tel. 095/404521 (c/o Apt).

MILANO
f Arte da mangiare, mangiare Arte, l'evento che da otto anni celebra il cibo come messaggero delle arti, proseguirà per tutto il weekend animando zone diverse della città di Milano. Dal programma segnaliamo la "Passeggiata cittadina tra arte e cibo", in cui pittori, scultori e fotografi esporranno le loro opere, che potrete ammirare gustando prodotti e ricette tipici. Info: www.artedamangiare.com.

7 Leggete il seguente testo e indicate se le affermazioni sono vere o false.

BASILICATA

I GRECI VI HANNO PORTATO LA CULTURA E L'ARTE, PIÙ TARDI, CON I BIZANTINI È STATA UN CENTRO DI COMMERCI E DI SCAMBI. OGGI QUESTA REGIONE OFFRE AL VISITATORE ACQUE TRASPARENTI, UNA NATURA VERGINE, PAESI ANTICHI, PAESAGGI SPLENDIDI E I PROFUMI INTENSI DELLA MACCHIA MEDITERRANEA.

Le origini del nome
TERRA DI LUPI E DI RE

Lucania o Basilicata? Ancora non c'è accordo tra gli studiosi e non esiste una versione unica sull'origine e il significato del nome di questa terra. Chi indica la Lucania come il nome di un antico popolo, i Lucani; chi dice invece che deriva da *lucus* che significa bosco. Secondo altri storici, il nome Lucania deriva dal greco *likos*, cioè lupo, per i branchi di lupi presenti in passato in questi territori. Per la maggior parte però il nome prende origine dal latino *lux*, cioè luce, perché i Sabini e i Sanniti, popoli dell'Italia centrale, al loro arrivo in questa terra hanno visto sorgere il sole e l'hanno chiamata «terra della luce», cioè Lucania. Intorno al 1200 invece compare il nome Basilicata, da *basilikos*, nome greco dato ai re bizantini della regione. Oggi la regione è più conosciuta con il termine Basilicata, anche se molti studiosi lucani moderni preferiscono il nome Lucania, che rimane nei nomi dei luoghi: Albano di Lucania, Atena Lucana, Genzano di Lucania, Muro Lucano, Savoia di Lucania e così via.

vero falso

1. Oggi la Basilicata è un grande centro di commerci e scambi.
2. Non sappiamo ancora esattamente l'origine del nome Lucania.
3. La parola *likos* significa lupo.
4. I Sabini e i Sanniti non sono mai arrivati in questa regione.
5. Il nome dei re bizantini della regione era *basilikos*.
6. Oggi tutti gli studiosi lucani chiamano la regione con il nome di Basilicata.

Chiavi degli esercizi

UNITÀ 1 Come va?

1
io sono – sto – abito
tu sei – stai – abiti
lui, lei, Lei è – sta – abita

2
1. stai – sto
2. sta – sta – sta
3. stai – sta

3
1. Insomma ...
2. Così così.
3. Non c'è male.
4. Abbastanza bene.
5. Bene.
6. Benissimo.

4
1. sono – è
2. è – è
3. è – sono – è – sono
4. sei – è

5
1c – 2a – 3d – 4b

6
1. —   5. — – il
2. l'   6. la
3. l' – il   7. — – la
4. — – —

7
il: signore – ragazzo – nome – cognome
la: signora – dottoressa – nazionalità – città
l': ingegnere – avvocato – architetto – amicizia
     – amico – e-mail
lo: sport – zoo – studente – stadio

8
Amsterdam è in Olanda.
La Fiat è a Torino.
L'Italia è in Europa.
Il Colosseo è a Roma.
Lugano è in Svizzera.
Napoli è in Italia.

9
1. di – a   5. Di – di – a
2. a – di – di   6. di – in – a
3. di – in   7. In – a
4. in – in – in

10
1. Io sono l'avvocato De Carli.
2. Luca è francese, di Parigi.
3. Tu sei di Firenze, ma abiti a Palermo in Sicilia.

11
1c – 2d – 3a – 4e – 5b

12
greco
Germania – tedesco
spagnolo – spagnola
Olanda – olandese
Francia – francese – francese
Vienna – austriaco – austriaca
Svizzera – svizzero – svizzera
svedese – svedese

13
1. *questa – danese*   4. *questo – polacco*
2. *questa – italiana*   5. *questa – svedese*
3. *questo – austriaco*

14
1d – 2a – 3b – 4e – 5c

15
stai – sto – presento – sei – sono – è – abiti – abito – studio

16
Buongiorno, signora Piacentini, come sta? – Le presento (Questa è) Angela Toso. – Piacere. – La signora Toso è di Udine ma studia a Milano. – Arrivederci. – Arrivederci.

UNITÀ 2 Dove vai?

1
1. noi – lui/lei/Lei – tu – voi
2. io – loro – lui/lei/Lei – noi
3. tu – io – noi – loro
4. lui/lei/Lei – voi – loro – tu
5. io – noi – loro – lui/lei/Lei
6. tu – voi – lui/lei/Lei – loro

2
sono – abitano – lavorano – parlano – tornano – è – parla – abita – abitiamo – parliamo – lavoriamo – Siete – Abitate – lavorate – parla – è
sono – sono

3
1f – 2e – 3a – 4b – 5c – 6d

4
1. No, non vado in Italia per il mare, vado in Italia per imparare/studiare l'italiano.
2. No, non lavoro in un albergo, lavoro all'Università.

edizioni Edilingua

3. No, non andiamo a Pisa, andiamo a Roma.
4. No, non abitano a Milano, abitano a Venezia.
5. No, non siamo all'aeroporto, siamo in albergo.

5
1. No, Senigallia è nelle Marche.
2. Sì, le Marche sono una regione italiana.
3. No, Gubbio non è sul mare.
4. Sì, ad Ancona c'è l'aeroporto.
5. No, a Senigallia non c'è il porto.
6. No, a Urbino non c'è la spiaggia.

6
1. in – a/di   4. a – in – a
2. in – a   5. in – a – in
3. a – in   6. a – in

7
l': aria condizionata – ascensore
il: parcheggio – ristorante
la: piscina – spiaggia privata – sala congressi

8
1. l'   4. —
2. il – lo   5. —
3. il

9
Buonasera. Mi chiamo Marchetti. Vorrei prenotare una camera per venerdì. – Una doppia con (la) doccia e (il) balcone. – Scusi, c'è il ristorante? – Solo una domanda ancora, c'è il parcheggio? – Bene, allora grazie e arrivederci.

10
1. lunedì   5. martedì
2. giovedì   6. sabato
3. venerdì   7. mercoledì
4. domenica
Soluzione: neve

11
1. No, Bologna è la prossima.
2. Sì, di Venezia.
3. Per lavoro.
4. No, quest'estate lavoro in un albergo.
5. Sì, e una spiaggia privata.

12
la spiaggia privata – l'aria condizionata – la camera doppia – la mezza pensione – l'Italia Centrale – la piscina termale – il centro storico – la collega svedese – il mare Adriatico

13
*va**can**ze* – *ve**nerdì*** – *si**gno**ra* – *dom**an**i* – *a**bi**tare* – *risto**rante* – *chia**vi*** – *gia**rd**ino*

14
a) l'amico – il signore – l'albergo – lo studente – il fine settimana – il controllore – il cinema – il balcone
b) la camera – l'e-mail – l'autostrada – la domanda – la chiave – la regione – la doccia – la vacanza

UNITÀ 1-3 Per il livello A1

1
saluti: arrivederci – ciao – salve – buongiorno – buona serata
in vacanza: agriturismo – campeggio – visitare la città – mare – spiaggia
in albergo: aria condizionata – colazione – chiave – ascensore – camera matrimoniale

2
1. Ciao, Martina! – Buonasera, ingegnere!
2. Sono Sandra Torre. – Le presento il signor Ferri.
3. Vado a Bari per lavoro. – Va a Venezia per visitare la città.
4. C'è l'ascensore? – C'è il parcheggio?

3
*mar**e** – centr**o** – terrazz**a** – telefon**o** – ari**a** – risto-rant**e** – giardin**o** – spiaggi**a** – parcheggi**o** – autobu**s***

4
italiano – inglese – tedesco – olandese – russo – portoghese

5
1. sono – 2. abito – 3. Sono – 4. imparare – 5. ho – 6. andiamo – 7. trovare – 8. trascorrere – 9. ha – 10. lavoro – 11. parlo – 12. cerco – 13. è

6
1. falso   4. vero
2. vero   5. vero
3. falso

7
1b – 2c – 3a

8
Due coppie di amici: 8
Famiglia Rentilla: 3
Famiglia Pavesi: 5
Giovane coppia di sposi: 2

UNITÀ 4 Prendi un caffè?

1
1. un' – un'   4. un – uno
2. un – una   5. un – un
3. un – un – una   6. una – un

2
1. *una birra*   5. una camomilla
2. un caffè   6. un'aranciata
3. una coca-cola   7. un aperitivo
4. un amaro   8. una spremuta

1. No, prendiamo un caffè.
2. Tu che cosa prendi? – Di primo prendo le lasagne e di secondo i calamari.
3. Che cosa prendete di contorno? – Prendiamo un'insalata mista.

4

1. un cappuccino – 2. un tè e una pasta – 3. un panino e un'aranciata – 4. un tramezzino – 5. un bicchiere di acqua minerale – 6. due birre e due pizzette
*Piero prend*e un cappuccino.
Anna prende un tè *e* una pasta.
*La signora Biagi prend*e un panino *e* una bibita (un'aranciata).
Giorgino prende un tramezzino *e da bere un* bicchiere *di acqua minerale.*
I ragazzi prendono due birre *e* due pizzette.

5

orizzontali: ho (io)
verticali: abbiamo (noi) – hanno (loro) – hai (tu) – ha (lui, lei, Lei) – avete (voi)

A	N	P	E	H	O	I	L	L	O
B	U	C	C	A	S	C	H	I	A
B	I	A	H	I	M	I	A	U	V
I	M	M	A	N	B	E	R	R	E
A	C	Q	N	R	U	K	O	L	T
M	A	B	N	O	D	L	E	W	E
O	G	U	O	S	T	R	I	P	O

6

2. bevono	5. bevi
3. bevete	6. beve
4. beviamo	

7

sedici: 16	*sessantasei:* 66
settantasette: 77	*novanta:* 90
tredici: 13	*ottantacinque:* 85
diciannove: 19	*trentatré:* 33
zero: 0	*quarantotto:* 48

8

un cappuccino e un cornetto

9

12: dodici	26: ventisei
17: diciassette	42: quarantadue
30: trenta	800: ottocento
2000: duemila	81: ottantuno

Soluzione: italiano

10

1. ventuno	5. seicento
2. centosei	6. undici
3. sessantaquattro	7. diciotto
4. quaranta	8. centotré

11

♂ l'italiano – il menu – l'anno – il piatto – il sugo – il pomodoro – il secondo – il contorno – il dessert – il vino – il latte – il caffè

♀ la tavola – la pasta – la carne – l'insalata – la torta – la birra

12

gli antipasti – i pomodorini – i crostini – i fegatini – i primi – le tagliatelle – i ravioli – i funghi porcini – gli gnocchetti – le lasagne – le verdure – le farfalle – i secondi – i calamari – i contorni – i fagioli – i peperoni – gli spinaci – le patate fritte – i biscottini

13

1. l'albergo – gli alberghi
2. lo scontrino – gli scontrini
3. il bicchiere d'acqua – i bicchieri d'acqua
4. il caffè – i caffè
5. il gelato – i gelati
6. l'analcolico – gli analcolici
7. la spremuta – le spremute
8. la coca-cola – le coca-cole
9. il tavolo – i tavoli
10. il tramezzino – i tramezzini

14

1. calda – 2. al limone – 3. amara – 4. bianco – 5. Gassata

15

1. un po' *freddo* – 2. troppo *calda* – 3. proprio *buono*

16

1. *frances*e	5. *italian*o
2. *olandes*i	6. *italian*a
3. *russ*o	7. *spagnol*o
4. *ingles*e	8. *svizzer*a

17

1. per favore – Va benissimo
2. Mah, veramente non so
3. Quant'è
4. Allora
5. Com'è
6. Mi dispiace

18

1. Senta, scusi ...
2. Quant'è?
3. Un tavolo per tre, per favore.
4. Mi dispiace.
5. Accidenti!
6. (Di primo / secondo) Prendo ... / Vorrei ... / Per me ... – E da bere ...
7. Mah (veramente), non so ...

UNITÀ 5 Tu che cosa fai?

1
orizzontali: tassista – architetto – casalinga – ingegnere
verticali: avvocato – insegnante – infermiere – impiegata – medico

```
A C A T A S S I S T A M
P O L L V I O N T I Z E
I M U N V O S S C M O D
S M A C O L A E A P R I
R E F A C U I G L I O C
X S V B A C H N I E K O
E S A T T U C A N G H I
W O L T O M A N F A G A
U P A R C H I T E T T O
Q U E S T U R E R A M E
U S D E F G J I M L O X
E R A C A S A L I N G A
C V D I L O Z U E L L I
C I N G E G N E R E Z O
I A F L P T U I E T T U
```

2
1d – 2a – 3f – 4b – 5g – 6h – 7e – 8c

3
1. impiegata
2. l'operaio
3. il commesso
4. studente
5. l'infermiera
6. avvocato
7. il controllore
8. casalinga
9. insegnanti

4
2. Si chiama Angelo, ha sessantotto anni, è di Benevento ma abita a Napoli. È pensionato.
3. Si chiamano Lucio e Sara, hanno trentacinque anni, sono di Grosseto ma abitano a Firenze. Lui è casalingo, lei lavora / è impiegata in una ditta di computer.
4. Si chiama Silvia, ha ventitré anni, studia architettura a Padova.
5. Si chiama John, ha sessant'anni, è inglese ma abita a Roma. Fa il giornalista.
6. Si chiama Pirmin, ha trentotto anni, è di Zurigo ma abita a Milano. È ingegnere.

5
cuoca perfetta – orario flessibile – negozio chiuso – colloquio impegnativo – colleghe noiose – atmosfera buona

6
interessante – *facile* – *stressante* – *giovani* – *faticoso* – *vario* – *impegnativo* – *contente*

7
1. le signore contente
2. il collega simpatico
3. i lavori creativi
4. la collega simpatica
5. i bambini polacchi
6. le pizzette calde
7. il panino buono
8. i caffè freddi
9. l'aranciata amara
10. le vacanze perfette

8
1. il suo lavoro
2. la mia sorellina
3. il suo medico
4. suo marito
5. la tua ditta
6. mia madre
7. la mia insegnante
8. mio cognato
9. la mia casa
10. mio padre

9
1. il tuo
2. La sua
3. Il suo
4. La mia
5. Tua moglie
6. La sua casa
7. Suo
8. il mio

10
pulisco – stiro – sono – racconta – Sono – gira – è – è – ho – preparo – faccio – metto – pulisco – stiro – è – vado – lavoro – torno – preparo – finisce – è – sono

11
lunedì – martedì – mercoledì – giovedì – venerdì – sabato – domenica

12
fare – faccio – fa – fate – fanno – *facciamo* – fai
finire – finisco – finisce – finite – finiscono – finiamo – *finisci*
dovere – *devo* – deve – dovete – devono – dobbiamo – devi
potere – posso – può – potete – *possono* – possiamo – puoi

13
1. Mi dispiace ma non posso.
2. Allora devo finire di lavorare prima.
3. Domenica non possiamo andare a trovare mia madre.
4. Oggi non potete perché dovete andare dal dentista.
5. Deve lavorare anche sabato.
6. Oggi pomeriggio non possono fare la spesa perché il negozio è chiuso.
7. Devono pulire il bagno e stirare.
8. Puoi andare tu a prendere i bambini a scuola domani?
9. Venerdì devi andare dal medico?
10. Dobbiamo ancora preparare la cena.

14
1. Potete
2. devo
3. possono
4. devono
5. puoi
6. devi
7. Ho, posso
8. deve
9. dobbiamo
10. posso, sono

15
Bene, per fortuna adesso ho un lavoro. – Lavoro in un'agenzia di viaggi a Vicenza. – Sì, però il lavoro è interessante e l'atmosfera è buona. Ho due colleghi molto simpatici. – Devo lavorare il sabato mattina e la sera torno a casa sempre tardi,

però sono contenta. E tu, Guido, quando finisci di studiare?

UNITÀ 4-6 Per il livello A1

1

sost. sing.: operaio – segretaria
sost. pl.: montatori – impiegati – programmatori – lavori
agg. sing.: generico – specializzato – temporaneo
agg. pl.: meccanici – amministrativi

2

amano – sono – bere – festeggiare – organizzare – comprate – Potete – è – preparare

3

1. i – gli – le – i – gli – l' – la – una
2. l' – il – l' – le – una – un

4

1. vero	6. vero
2. falso	7. falso
3. vero	8. vero
4. falso	9. vero
5. falso	10. falso

5

1a – 2f – 3e – 4c – 5h

UNITÀ 7 C'è una banca qui vicino?

1

a: al – ai – alla – all'
da: dagli – dalle – dai – dall'
in: negli – negli – nei – nelle

2

1. alla	4. al
2. al	5. alla
3. all'	6. al

3

1. da	4. dal
2. dalla	5. al
3. a	6. all'

4

1. nelle	4. Nell'
2. Negli	5. in
3. in	6. Nella

5

1. c'è – vero	5. ci sono – falso
2. ci sono – falso	6. c'è – vero
3. c'è – vero	7. c'è – vero
4. ci sono – falso	

6

A Lucca ... c'è – ci sono – ci sono – ci sono – c'è
Nelle Marche ... c'è – c'è – ci sono – ci sono – c'è

7

1d – 2f – 3a – 4b – 5c – 6e

8

1. *Al bar ci sono gli amici.*
2. In ufficio ci sono i miei colleghi.
3. In classe ci sono gli studenti.
4. Sul treno c'è il controllore.
5. In cucina c'è il cuoco.
6. Nella borsa c'è il biglietto del treno.
7. Sul tavolo ci sono i panini.

9

1. c'è – c'è – è	4. è – è
2. è – è – è	5. è – è
3. c'è – è – è	6. c'è

10

1g – 2e – 3h – 4f – 5b – 6c – 7d – 8a

11

1. Sono le tre meno un quarto. / Sono le due e quarantacinque. / Sono le due e tre quarti.
2. Sono le quattro meno dieci. / Sono le quindici e cinquanta.
3. Sono le sette e trentacinque. / Sono le diciannove e trentacinque.
4. Sono le nove e un quarto. / Sono le ventuno e quindici.
5. Sono le due e mezzo (e mezza). / Sono le quattordici e trenta.
6. È l'una e cinque. / Sono le tredici e cinque.

12

sinistra, dall'alto in basso:
Centro TIM – farmacia – banca – supermercato
destra, dall'alto in basso:
Cinema Ariston – ufficio postale – ristorante Da Baffo – albergo Leon Bianco

13

io sento – esco
tu apri – senti – vieni
lui, lei, Lei apre – esce
noi apriamo – sentiamo – veniamo
voi aprite – uscite – venite
loro sentono – escono – vengono

14

alle nove e un quarto – dalle nove e mezza alle sette e mezza / alle diciannove e trenta – alle tre e mezza / alle quindici e trenta – all'una – alle otto e mezza / alle venti e trenta – alle otto – alle dieci / alle ventidue – dalle due alle dieci / dalle quattordici alle ventidue

15

1. sa
2. esci – puoi
3. Vengono
4. sai
5. Sapete
6. venite

16

a) **B** banca
   PT ufficio postale
   WC toilette
   🚌 fermata
   ☏ telefono
   P parcheggio

b) 1 – 4 – 3

17

1. Scusi, dov'è piazza Duomo?
2. Fino a che ora / Fino a quando è aperto il Duomo?
3. C'è un ufficio postale qui vicino?
4. Ci sono alberghi in città?
5. Che ore sono?

UNITÀ 8 Che cosa hai fatto ieri?

1

1. Sergio
2. Alessandra
3. Gloria
4. Alessandra
5. Sergio
6. Gloria
7. Alessandra

2

1. ti piace
2. Le piacciono – mi piacciono
3. ti piacciono
4. mi piace
5. mi piacciono

3

1. delle
2. dell'
3. dei
4. di
5. della
6. degli
7. dello
8. dello

4

1. di
2. dell'
3. del
4. di
5. dell'
6. della

5

incontrare – fatto – passare – trovato – andare – cucinato – lasciare – continuato – studiare – dormire – letto – scrivere – stato – avere – nato – chiudere – aperto – vivere

6

è nato – Ha cominciato – È stato – ha rappresentato – È stato – Ha insegnato – Ha scritto

7

Sono nata – è nato – Ho finito – sono andata – ho trovato – ho sposato – Siamo andati – abbiamo comprato – è nata

8

1d – 2g – 3a – 4h – 5f – 6b – 7c – 8e

9

1. hanno dormito
2. ha ascoltato – ha letto
3. è stata
4. ha lavorato – è uscito
5. hanno messo – sono andati
6. sono andate

10

hanno lasciato – Hanno fatto – sono andate – hanno lavato – hanno messo – hanno messo – ho trovato – ho giocato – sono *ancora* tornate

11

dall'alto in basso, da destra verso sinistra:
mio nonno – mia nonna – mio zio – mia cugina – mio fratello – mio fratello – mia cognata – mia figlia – mia figlia – mia nipote

1. mia nipote
2. mio nonno
3. mia cugina
4. mio zio
5. mia nonna
6. i miei fratelli
7. le mie figlie
8. mia cognata

12

1. i miei insegnanti
2. la mia attività
3. le tue sciarpe
4. tuo nipote
5. i suoi compleanni
6. la sua canzone
7. le nostre famiglie
8. il nostro appuntamento
9. i vostri parenti
10. la vostra camera
11. il loro orario
12. le loro amiche

13

1. i tuoi – mia – mio
2. le tue – mia – mia – i nostri
3. i tuoi – la mia – il mio
4. tua – suo – sua
5. tua – i suoi

14

Orizzontali: Natale – battesimo – Pasqua – compleanno
Verticali: Carnevale – Capodanno – matrimonio

C	O	R	T	E	V	O	L	L	E	R	A
A	T	U	N	A	T	A	L	E	T	U	I
R	E	B	A	T	T	E	S	I	M	O	L
N	C	A	U	M	N	P	A	S	Q	U	A
E	A	L	U	A	O	P	R	S	E	D	O
V	P	M	A	T	L	W	U	J	U	E	B
A	O	Q	E	R	R	R	I	P	O	L	M
L	D	A	V	I	I	V	V	Y	B	N	N
E	A	C	O	M	P	L	E	A	N	N	O
F	N	G	H	O	O	K	T	Z	U	I	S
A	N	N	A	N	Z	I	O	N	A	T	A
C	O	N	P	I	U	C	H	I	A	M	U
A	S	D	F	O	O	G	H	J	K	L	M

15
1. Tanti auguri di buon compleanno! / Buon compleanno!
2. Buon Anno! / Felice Anno Nuovo!
3. Tanti auguri di Buon Natale! / Buon Natale!
4. Buona Pasqua! / Tanti auguri di Buona Pasqua!
5. Buone vacanze! / Buon viaggio!

16
Sono stata ad Arezzo alla mostra dell'antiquariato. È venuto anche Gianni. Siamo andati in treno e dopo la mostra abbiamo fatto una passeggiata in centro e abbiamo cercato un ristorante. – Infatti, e abbiamo perso anche il treno delle 21.10 (ventuno e dieci). Così siamo arrivati a casa solo a mezzanotte. E tu che cosa hai fatto? – E non siete uscite? – Che brave! Scusa, ma adesso devo andare perché la posta chiude ...

UNITÀ 7-9 Per il livello A1

1
sono andata – sono arrivata – sono andata – ho visitato – ho cominciato – sono entrata – ho mangiato – sono andata – ho incontrato – abbiamo camminato e parlato – è partito – sono tornata – ho passato – hai fatto

2
da: *dall'*
a: al – al
in: nelle – nelle – nelle
di: del – degli

3
nel – in – di – alla – ai – in – del – a – alla – a – dell' – al – ai – a – al – in – a – a

4
1d – 2e – 3a – 4c – 5b

5
1. sì   4. sì
2. no   5. no
3. no   6. sì

6
1. matrimonio   4. nozze d'oro
2. compleanno   5. compleanno
3. compleanno   6. nascita

7
5 (concerto di musica classica) – 4 (mostra fotografica) – 1 (spettacolo teatrale a Pisa) – 7 (corso di cucina)

UNITÀ 10 Li vuole provare?

1
Il ragazzo con il giubbino e i baffi; il quarto da sinistra.

2
maglietta – cravatta – stivali – vestito – cintura – completo – sciarpa – maglione – camicetta – abito

3
un costume da bagno rosso – un completo sportivo di color azzurro – un abito nero elegante – un orologio classico – una cintura marrone – un profumo – un CD – un portafogli marrone – una maglietta bianca – scarpe comode

4
Daniela: corte – stretti – sportivi – lunghe – classiche
Luca: neri – azzurre – eleganti – larghi
Anna: alti – grandi – comodi

5
risposte suggerite:
borsa di pelle – di paglia – a righe – a fiori – da spiaggia – da bagno
cravatta in tinta unita – a righe – a fiori – di seta
sciarpa in tinta unita – a quadri – di cotone – di lana
maglietta a righe – di cotone – di lino – di lana
giacca in tinta unita – a quadri – di pelle – di cotone – di seta – di lino – di lana
costume da bagno – in tinta unita – a fiori
asciugamano da bagno – a fiori – di cotone – di lino

6
1a – 2a – 3a – 4b – 5b – 6b – 7a

7
1. dici   6. volete
2. vogliamo   7. vuole
3. voglio   8. diciamo
4. dicono   9. dico
5. dice   10. vogliono

8

1. di	a) a
2. da	b) di
3. da	c) da
4. in – a	d) di
5. di – di	e) di – di
6. di	f) in – da – di
7. di	g) a

1b – 2d – 3e – 4a – 5c – 6g – 7f

9

1. Volete andare al cinema con Eugenio stasera?
2. Laura dice che suo nonno è argentino.
3. La signora De Bortoli vuole provare il completo pantaloni.
4. Franco e Giovanna vogliono vedere la maglietta beige.
5. Io dico che il vestito è troppo corto.
6. Voglio cambiare il maglione perché è un po' stretto.
7. Perché non dite la verità?
8. Vogliamo andare in Italia per imparare l'italiano.

10

Buongiorno, vorrei vedere la gonna nera che è in vetrina. La posso provare? – La 44. – Veramente la preferisco in nero. – Sì, la provo. – La gonna va bene e mi piace, però è un po' troppo lunga. La potrebbe accorciare un pochino? – Allora la prendo. Ah, senta, mi fa vedere anche una camicetta bianca? – È molto carina. Quanto costa? – No, è troppo cara, grazie.

11

1. **la** vorrei	5. **Lo** vuole
2. **Le** vorrei	6. **le** vuole
3. **Lo** posso	7. **Le** vorrei
4. **li** voglio – **li** voglio	8. **lo** devo

12

shopping – moda – arredamento – d'abbigliamento – scarpe – shopping – bancarelle – verdura – pesce – botteghe – salumeria – prosciutto – panificio – pane – dolci – enoteca – liquori

13

1. ... piazza Maggiore, a Bologna.
2. ... pomodori da insalata e maturi, arance siciliane, peperoni, uva, funghi, radicchio di Treviso, insalata verde, fagioli, patate e spinaci.
3. ... primizie.
4. ... agosto.

14

1f – 2a– 3h – 4b – 5g – 6c – 7e – 8d

15

un chilo – un litro – una bottiglia – un pacco – tre etti – un mazzetto – una lattina – una scatola – un vasetto

16

1. delle – degli – dei – negozio di frutta e verdura
2. della – del – dei – panificio / panetteria
3. del – della – dei – salumeria
4. delle – del – dei – pescheria
5. delle – dei – degli – panetteria/pasta fresca
6. dell' – delle – del – macelleria
7. dell' – dello – del – dello – dei – dei – supermercato

UNITÀ 11 Cosa fate in vacanza?

1

1. in Toscana	5. a Procida
2. nel Lazio	6. sulle Alpi
3. in Croazia	7. sul lago Maggiore
4. in Sardegna	8. a San Gimignano

2

1. nel – vero	5. A – vero
2. In – vero	6. in – vero
3. a – vero	7. Sulle – falso
4. a – falso	

3

1. arrivo – 2. annoiarsi – 3. presto – 4. venire – 5. caldo – 6. brutto – 7. niente – 8. pioggia – 9. scorso – 10. estate – 11. breve/corto – 12. movimentato – 13. montagna – 14. poco – 15. rilassante – 16. noioso

4

mare: ombrellone – prendere il sole – traghetto – spiaggia – lungomare – barca a vela – pineta – fare il windsurf
montagna: sentiero – fare escursioni a piedi – paracadutismo – camminare – funghi – aria fresca – nevicare – maso

5

mi sveglio – ti svegli – si sveglia – ci svegliamo – vi svegliate – si svegliano

6

1. si annoia – si diverte – si dedica – *vacanza sportiva*
2. si alzano – si lamentano – si rilassano – si godono – si divertono – *vacanza culturale*
3. ci godiamo – si annoiano – si divertono – ci rilassiamo – *vacanza rilassante*
4. vi annoiate – Vi divertite – *vacanza culturale*

7

1. In inverno non mi alzo mai presto.
2. La domenica mia figlia non fa niente di speciale.
3. Non faccio mai viaggi organizzati.
4. Le mie amiche si fermano sempre a guardare le vetrine.
5. La festa non si svolge mai sul mare.
6. Questa estate non abbiamo prenotato niente.

8

novembre – apri*le* – *giu*gno – *se*ttembre
Febbraio.
Gennaio, marzo, maggio, luglio, agosto, ottobre, dicembre.
Primavera – Estate – Autunno – Inverno

9

1. Non faccio mai le vacanze nel mese di agosto.
2. La domenica telefono sempre agli amici.
3. A volte vado a passeggiare sotto la pioggia.
4. Non gioco mai a tennis.
5. A volte mi sveglio presto.
6. A volte cucino un buon piatto di spaghetti.
7. Vado sempre a dormire tardi.
8. Leggo sempre il giornale a colazione.
9. Non mi lamento mai della mia vita.

10

1h – 2f – 3i – 4d – 5a – 6b – 7e – 8c – 9g

11

urgente	tipicamente
privato	specialmente
completo	liberamente
faticoso	anticamente
attivo	

12

1. facile	6. completamente
2. facilmente	7. culturalmente
3. perfettamente	8. culturali
4. perfetto	9. comodamente
5. completa	10. comoda

13

1a – 2b – 3a – 4b – 5b – 6a

14

Vado in campeggio in Umbria. – Fra quindici giorni.
– Sì, vado con un'amica. – Sì, abbiamo una tenda
e abbiamo prenotato un posto in un campeggio sul
lago Trasimeno. – In Umbria ci sono tante cose da
vedere: tantissime città antiche, musei etruschi, un
bel paesaggio e una buona cucina.

15

1. fa freddo	4. nevica
2. fa caldo	5. piove
3. fa troppo caldo	6. c'è vento

16

1. - 8. - 3. - 7. - 2. - 5. - 4. - 6.
Pronto? – Ciao, Rosi, sono Miriam. Come stai?
– Benissimo, Rosario ed io siamo tornati proprio
adesso dalla spiaggia. – Beati voi! – Perché, da voi
a Torino com'è il tempo? – Qui è già autunno. Fa
brutto tempo, piove da una settimana e oggi c'è
anche un po' di nebbia. – Oh, mi dispiace. Perché
non vieni a Palermo qualche giorno? Qui è ancora
estate. – Buona idea. Allora ci vediamo presto.

17

Paese che vai usanze che trovi.

UNITÀ 10-12 Per il livello A1

1

1. *la tuta gialla in* nylon – *gli* occhiali *neri* – *i* guanti gialli
2. *la felpa* rosa chiaro *in* cotone – *il berretto* beige *di* lana – *la* sciarpa *beige di* lana – *i* jeans blu *in cotone*
3. *il completo* bianco *e rosso in* nylon – *gli* occhiali blu – *gli scarponi* bianchi e blu – *la giacca blu e* gialla *in misto nylon* – *i* pantaloni *blu e gialli* in misto nylon – *i* guanti neri *di pelle*

2

1. *agenzia di viaggio*	4. farmacia
2. mercato	5. estate
3. Toscana	6. stupendo

3

la – lo – li – li – li – la – lo – lo – la

4

al – sul – sui – sul – del – sulle – al – sull' – sulle – del – sul – sulle – al – al

a: al
su: sul – sull' – sui – sulle
di: del

5

4

6

1e – 2a – 3f

7

1. falso	4. falso
2. vero	5. vero
3. vero	6. falso

Fonti: testi e illustrazioni

p. 4: G. Robustelli, Napoli; p. 9: IAT, Senigallia;
p. 11: Hotel Ritz, Senigallia; p. 16: Hotel Baia del
Capitano, Cefalù; p. 19: M. Rambaldi, Napoli; p. 26: F.
Bresciani, Pietrasanta; p. 36: S. Cellai, Firenze; p. 37:
Hotel Baia del Capitano, Cefalù; S. Cellai, Firenze; p. 42:
Musei Civici Veneziani, Servizio Marketing Immagine
Produzione, Venezia; p. 44: Edizioni Sellerio, Palermo; p.
46: G. Robustelli, Napoli; p. 51: Ristorante Degli Artisti,
Borgo San Lorenzo, Firenze.

edizioni Edilingua

Progetto italiano 1 T. Marin - S. Magnelli
Corso multimediale di lingua e civiltà italiana. Livello elementare

CD-ROM Interattivo - Progetto italiano 1 T. Marin
Corso multimediale d'italiano. Livello elementare

Progetto italiano 2 T. Marin - S. Magnelli
Corso di lingua e civiltà italiana. Livello intermedio - medio

Progetto italiano 3 T. Marin - S. Magnelli
Corso di lingua e civiltà italiana. Livello medio - avanzato

Allegro 1 L. Toffolo - N. Nuti
Corso multimediale d'italiano. Livello elementare

Allegro 1 A. Mandelli - N. Nuti
Esercizi supplementari e test di autocontrollo. Livello elementare

Allegro 2 L. Toffolo - M.G. Tommasini
Corso multimediale d'italiano. Livello preintermedio

Allegro 3 L. Toffolo - R. Merklinghaus
Corso multimediale d'italiano. Livello intermedio

La Prova orale 1 T. Marin
Manuale di conversazione. Livello elementare

La Prova orale 2 T. Marin
Manuale di conversazione. Livello medio - avanzato

Video italiano 1 A. Cepollaro
Videocorso italiano per stranieri. Livello elementare - preintermedio

Video italiano 2 A. Cepollaro
Videocorso italiano per stranieri. Livello medio

Video italiano 3 A. Cepollaro
Videocorso italiano per stranieri. Livello superiore

.it D. Forapani
Internet nella classe d'italiano - Attività per scrivere e parlare (CD-ROM)

Vocabolario Visuale T. Marin
Livello elementare - preintermedio

Vocabolario Visuale - Quaderno degli esercizi T. Marin
Attività sul lessico. Livello elementare - preintermedio

Diploma di lingua italiana A. Moni - M. A. Rapacciuolo
Preparazione alle prove d'esame

Scriviamo! A. Moni
Attività per lo sviluppo dell'abilità di scrittura. Livello elementare - intermedio

Sapore d'Italia M. Zurula
Antologia di testi. Livello medio

Primo Ascolto T. Marin
Materiale per lo sviluppo della comprensione orale. Livello elementare

Ascolto Medio T. Marin
Materiale per lo sviluppo della comprensione orale. Livello medio

Ascolto Avanzato T. Marin
Materiale per lo sviluppo della comprensione orale. Livello superiore

l'Intermedio in tasca T. Marin
Antologia di testi. Livello preintermedio

Al circo! B. Beutelspacher
Italiano per bambini. Livello elementare

Una grammatica italiana per tutti 1 A. Latino - M. Muscolino
Livello elementare

Una grammatica italiana per tutti 2 A. Latino - M. Muscolino
Livello intermedio

Le tendenze innovative del Quadro Comune Europeo di Riferimento per le Lingue e del Portfolio (a cura di Eli sabetta Jafrancesco, ILSA)

Insegnamento e apprendimento dell'italiano L2 in età adulta
(a cura di Lucia Maddii, IRRE Toscana)

www.edilingua.it